Impressum
Verlag: BABADADA GmbH, Nedderfeld 112 , 22529 Hamburg
Geschäftsführer / Verlagsleitung: Harald Hof
Druck: Books on Demand GmbH, In de Tarpen 42, 22848 Norderstedt

Imprint
Publisher: BABADADA GmbH, Nedderfeld 112 , 22529 Hamburg, Germany
Managing Director / Publishing direction: Harald Hof
Print: Books on Demand GmbH, In de Tarpen 42, 22848 Norderstedt

مکتب

shule

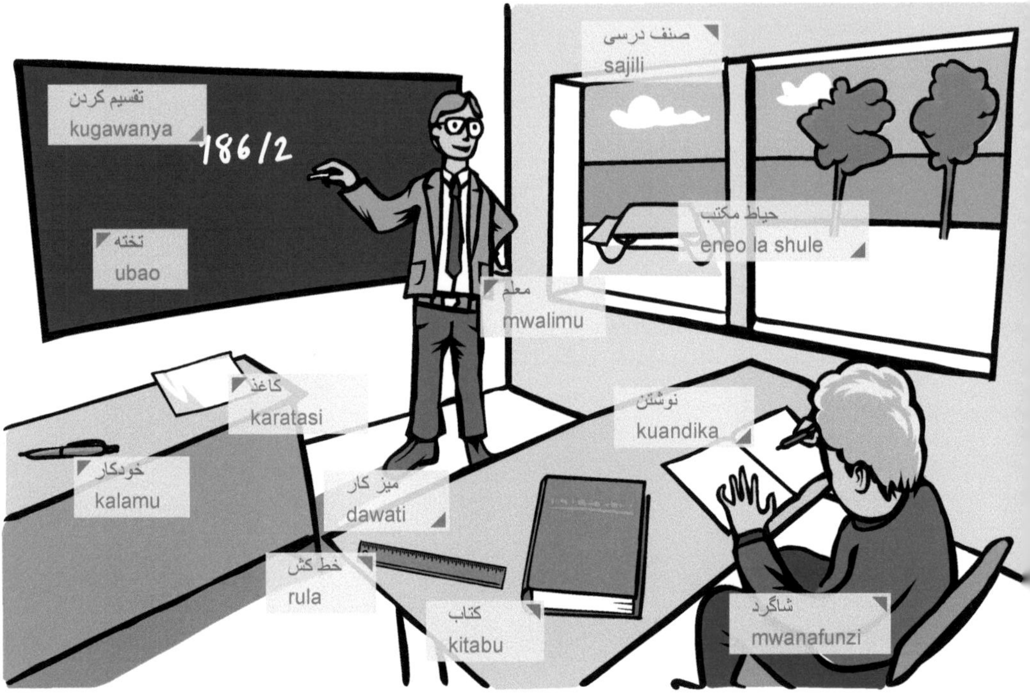

صنف درسی
sajili
تقسیم کردن
kugawanya
186/2
تخته
ubao
حیاط مکتب
eneo la shule
معلم
mwalimu
کاغذ
karatasi
نوشتن
kuandika
خودکار
kalamu
میز کار
dawati
خط کش
rula
کتاب
kitabu
شاگرد
mwanafunzi

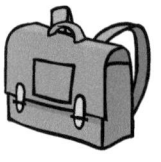

بیگ مکتب

mkoba

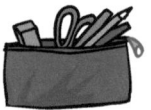

قلم دانی

kikasha cha penseli

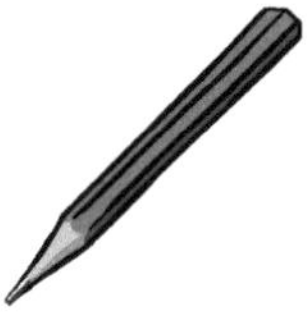

پنسل

penseli

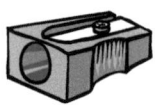

پنسل تراش

kichonga penseli

پنسل پاک

mpira

کتابچه رسم

pedi ya kuchora

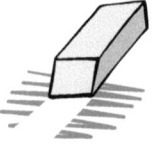

نقاشى

uchoraji

برس رنگ زنی

brashi ya rangi

بکسک رنگه

sanduku la rangi

قیچی

mkasi

سریش

gundi

کتاب تمرین

daftari

کار خانگی

kazi ya nyumbani

عدد

nambari

جمع کردن

jumlisha

تفریق کردن

ondoa

ضرب کردن

zidisha

حساب کردن

kokotoa

حرف

barua

الفبا

alfabeti

کلمه

neno

متن

maandishi

خواندن

kusoma

تباشیر

chaki

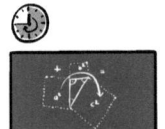

درس

somo

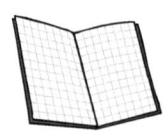

ثبت نام

sajili

امتحان

uchunguzi

تصدیقنامه

cheti

یونیفورم مکتب

sare za shule

تحصیل

elimu

دانشنامه

elezo

پوهنتون

chuo kikuu

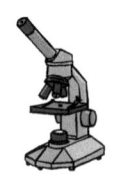

مایکروسکوپ

darubini

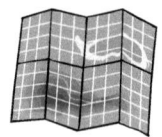

نقشه

ramani

سبد کاغذ باطله

kikapu cha kuweka karatasi
chafu

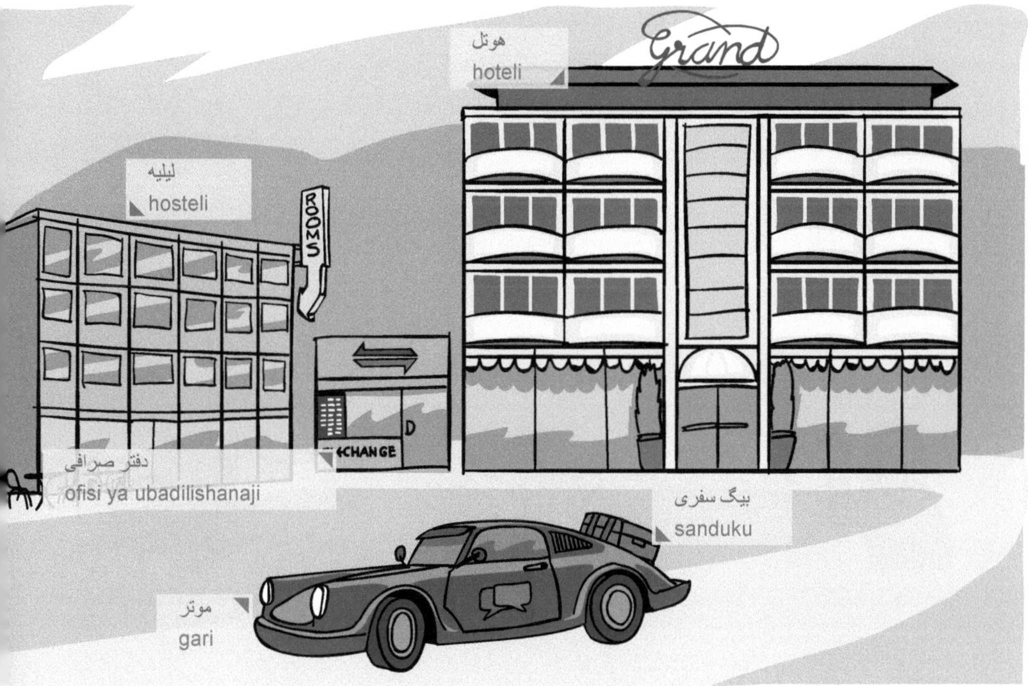

هوتل
hoteli
Grand
لیلیه
hosteli
ROOMS
EXCHANGE
دفتر صرافی
ofisi ya ubadilishanaji
بیگ سفری
sanduku
موتر
gari

زبان

lugha

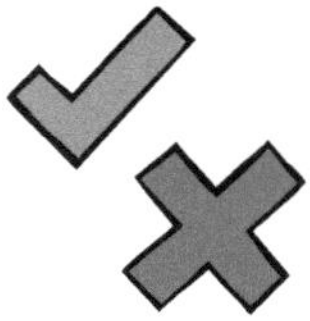

بلی / نخیر

ndiyo / la

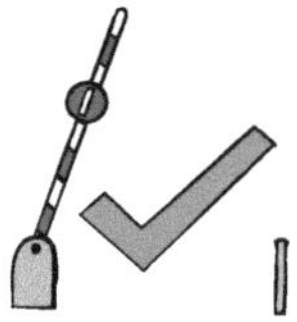

بسیار خوب

sawa

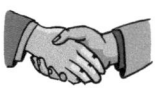

سلام

hujambo

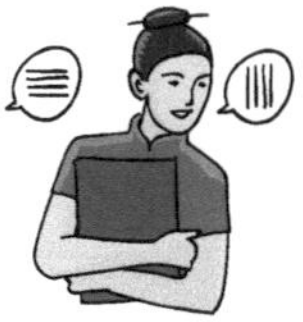

مترجم

mtafsiri

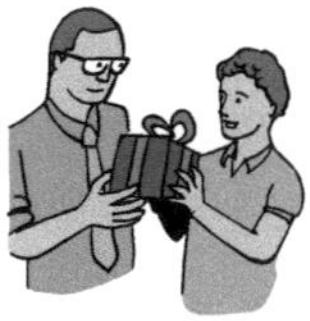

تشکر از شما

Asante

قیمتش چقدر است؟

kiasi gani ni ...?

نمی فهمم

Sielewi

مشکل

tatizo

عصر بخیر! / شب بخیر!

Jioni njema!

صبح بخیر!

Habari za asubuhi!

شب بخیر!

Usiku mwema!

خداحافظ

kwa heri

مسیر

mwelekeo

بار مسافر

mizigo

بیگ

mfuko

بیگ پشتکی

shanta

مهمان

mgeni

اطاق

chumba

بستره خواب سیار

begi la kulalia

خیمه

hema

معلومات توریستی

taarifa ya utalii

ساحل

ufuo

کریدیت کارت

kadi

صبحانه

kifunguakinywa

طعام چاشت

chakula cha mchana

غذای شام

chakula cha jioni

تکت

tiketi

لفت

kuinua

مهر

muhuri

مرز

mpaka

گمرک

mila

سفارتخانه

ubalozi

ویزه

visa

پاسپورت

pasipoti

حمل و نقل

usafiri

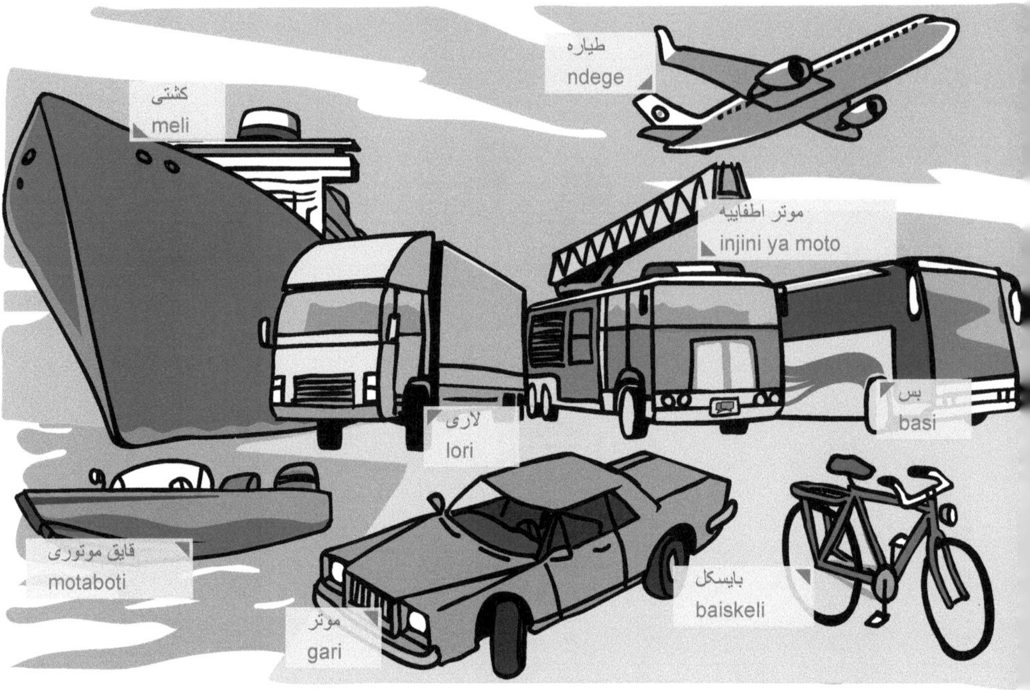

طیاره
ndege
کشتی
meli
موتر اطفاییه
injini ya moto
بس
basi
لاری
lori
قایق موتوری
motaboti
بایسکل
baiskeli
موتر
gari

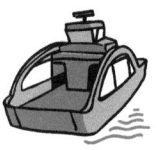

کشتی

feri

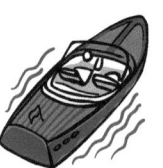

قایق

mashua

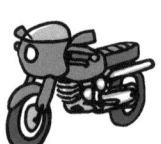

موترسایکل

pikipiki

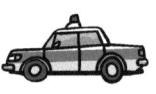

موتر پولیس

gari la polisi

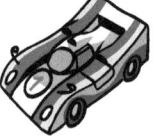

موتر مسابقه

gari la mashindano

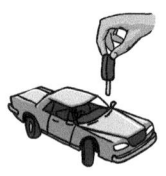

موتر کرایی

gari la kukodisha

اشتراک وسایط

kushiriki gari

جرثقیل

lori la kuvuta

موتر حمل زباله

ukusanyaji taka

موتور

motor

تیل

mafuta

تانک تیل

kituo cha mafuta

علامت ترافیکی

ishara trafiki

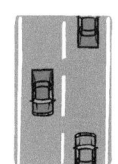

عبور و مرور

trafiki

راهبندان

msongamano

پارک وسایط

maegesho

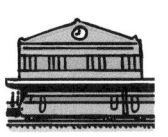

ایستگاه ریل

kituo cha treni

خط ریل

reli

ریل

garimoshi

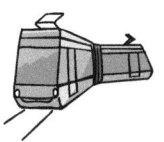

ریل برقی

tremu

واگن

gari la mizigo

هليكوپتر

helikopta

ميدان هوايى

uwanja wa ndege

برج

mnara

مسافر

abiria

كانتينر

chombo

كارتن

katoni

گادى

mkokoteni

سبد

kikapu

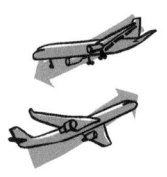

پرواز كردن / فرود آمدن

ondoka

شهر

jiji

قريه

kijiji

تياتر شهر

katikati ya jiji

خانه

nyumba

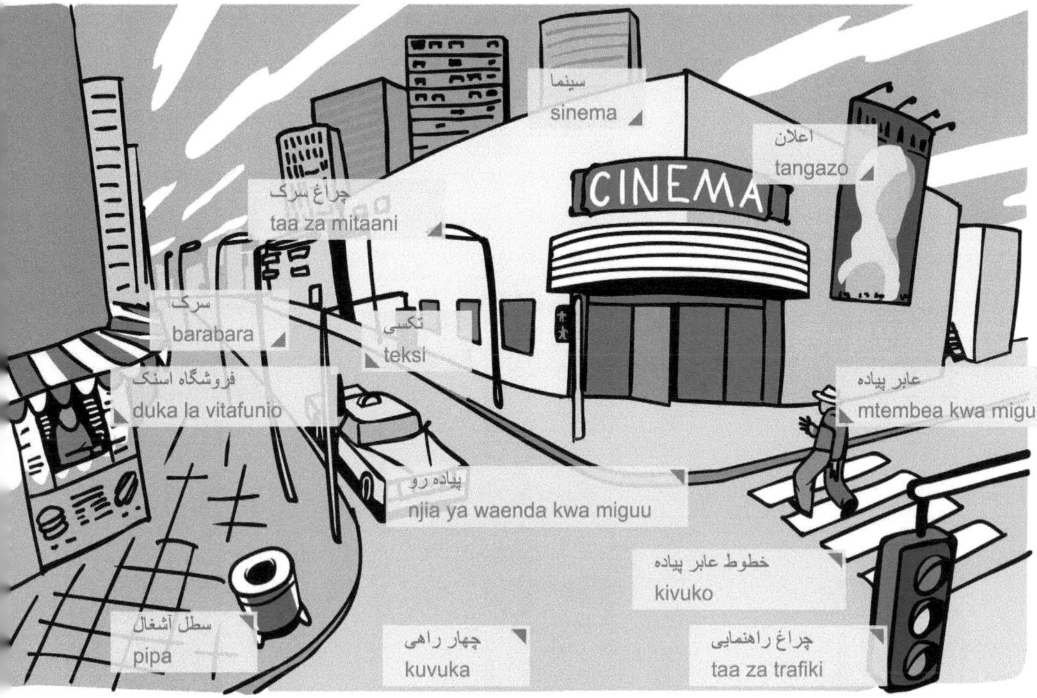
CINEMA
سینما
sinema
اعلان
tangazo
چراغ سرک
taa za mitaani
سرک
barabara
تکسی
teksi
فروشگاه اسنک
duka la vitafunio
عابر پیاده
mtembea kwa miguu
پیاده رو
njia ya waenda kwa miguu
خطوط عابر پیاده
kivuko
سطل آشغال
pipa
چهار راهی
kuvuka
چراغ راهنمایی
taa za trafiki

کلبه

kibanda

آپارتمان

gorofa

ایستگاه ریل

kituo cha treni

تالار شهر

ukumbi wa mji

MUSEUM

موزیم

Makavazi

مکتب

shule

پوهنتون

chuo kikuu

بانک

benki

شفاخانه

hospitali

هوټل

hoteli

دواخانه

duka la dawa

دفتر

ofisi

کتابفروشی

duka la kitabu

مغازه

duka

گل فروشی

duka la maua

سوپر مارکیت

dukakuu

فروشگاه

soko

فروشگاه

idara ya kuhifadhi

ماهی فروشی

mwuza samaki

مرکز خرید

kituo cha ununuzi

بندر

bandari

پارک

Hifadhi

دراز چوکی

benki

پل

daraja

زینه ها

vidato

مترو

chini ya ardhi

تونل

handaki

ایستگاه بس

kituo cha mabasi

میخانه

bar

رستورانت

mgahawa

صندوق پست

sanduku la posta

علامت سرک

ishara ya barabara

ماشین پارکو متر

mita ya maegesho

باغ وحش

bustani ya wanyama

حوض آبازی

kidimbwi cha kuogelea

مسجد

msikiti

مزرعه

shamba

آلوده گی

uchafuzi

قبرستان

makaburini

کلیسا

kanisa

میدان بازی

uwanja wa michezo

معبد

hekalu

چشم انداز

mazingira

برگ
jani

لوحه
ishara ya mwelekeo

راه
njia

علفزار
malisho

سنگ
jiwe

درخت
mti

کوهنورد
mtembeaji wa masafa

دریا
mto

علف
nyasi

گل
ua

دره

bonde

تپّه

kilima

دریاچه

ziwa

جنگل

msitu

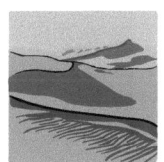

صحرا

jangwa

آتشفشان

volkano

قلعه

ngome

رنگین کمان

upinde wa mvua

سمارق

uyoga

درخت آلو

mtende

پشه

mbu

مگس

kuruka

مورچه

chungu

زنبور

nyuki

عنکبوت

buibui

قاتغوزک

mende

بقه

chura

موش خرما

kuchakuro

خارپشت

nungunungu

خرگوش صحرایی

sungura

بوم

bundi

پرنده

ndege

مرغابی

swan

خوک وحشی

nguruwe mwitu

گوزن

kulungu

گوزن شمالی

aina ya kongoni

بند آب

bwawa

توربین بادی

tabo ya upepo

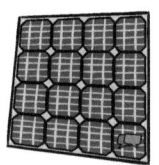

صفحه خورشیدی

nishaji ya jua

آب و هوا

hali ya hewa

رستورانت

mgahawa

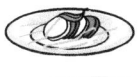

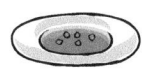

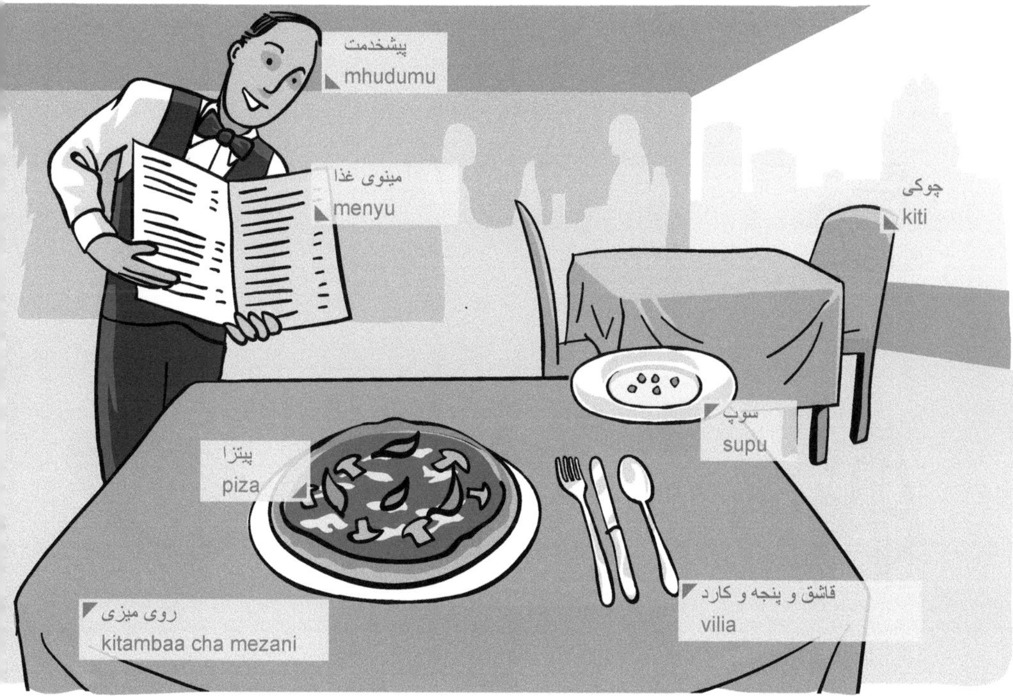

پیشخدمت
mhudumu
مینوی غذا
menyu
چوکی
kiti
سوپ
supu
پیتزا
piza
روی میزی
kitambaa cha mezani
قاشق و پنجه و کارد
vilia

پیش غذا

kiamsha hamu

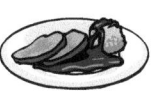

غذای اصلی

kozi kuu

شرینی

kitindamlo

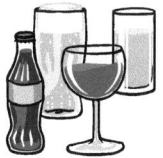

نوشیدنی ها

vinywaji

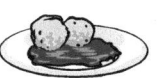

غذا

chakula

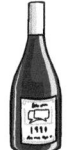

بوتل

chupa

فاست فود

chakula cha haraka

غذای کنار سرک

Streetfood

چاینک/ترموز

buli

قندانی

kisanduku cha sukari

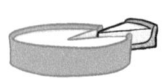

بخش غذا

sehemu

دستگاه اسپرسو

mashine ya espresso

چوکی بلند

kiti kirefu

بل

muswada

پطنوس

trei

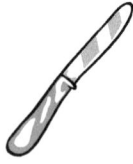

چاقو

kisu

پنجه

uma

قاشق

kijiko

قاشق چای خوری

kijiko cha chai

دستپاک دسترخوان یا میز

nepi

گیلاس

glasi

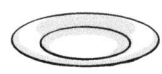

بشقاب

sahani

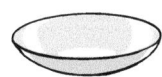

بشقاب سوپ

sahani ya supu

نعلبکی

sufuria

چٹنی

mchuzi

نمکدان

kichanyaji chumvi

آسیاب مرچ

kinu cha pilipili

سرکه

siki

روغن خوراکی

mafuta

ادویه

viungo

کچاپ

kechapu

ساس خردل

haradali

مایونز

kachumbari nzito

سوپر مارکیت

dukakuu

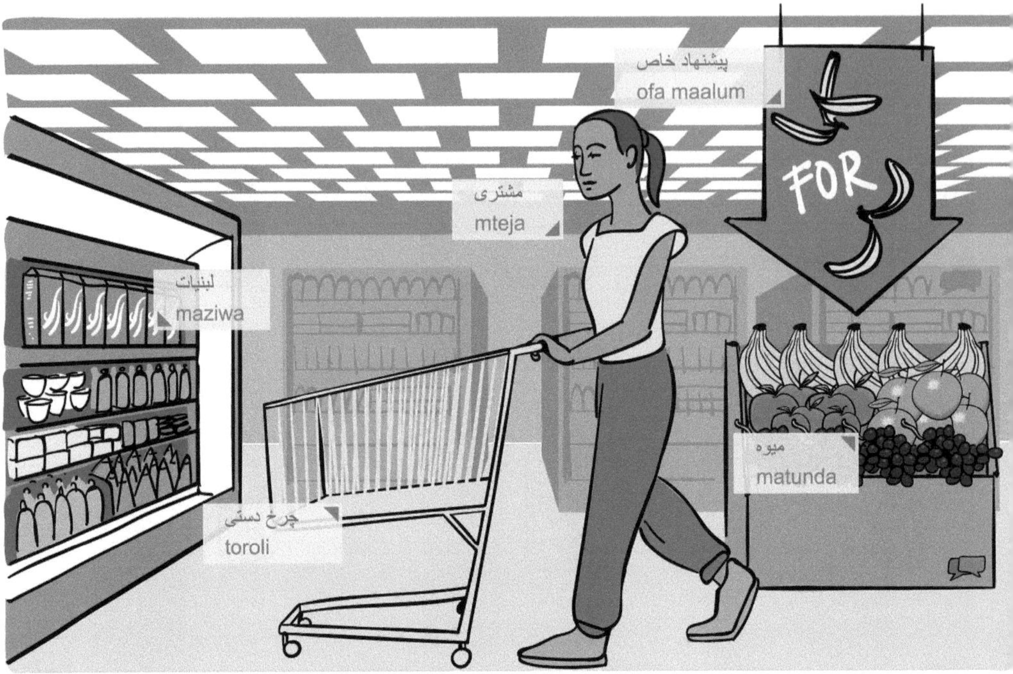

پیشنهاد خاص
ofa maalum
FOR
مشتری
mteja
لبنیات
maziwa
میوه
matunda
چرخ دستی
toroli

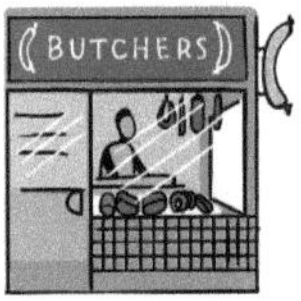

BUTCHERS

قصابی

mchinjaji

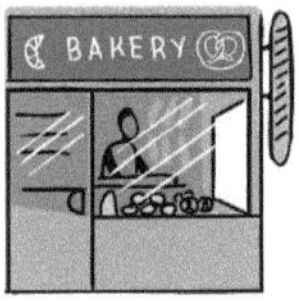

BAKERY

نانوایی

mwokaji

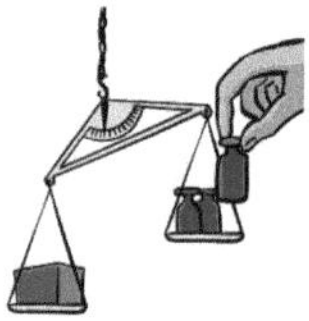

وزن کردن

uzito

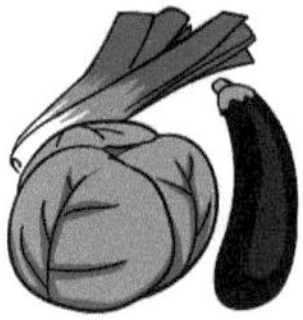

سبزیجات

mboga

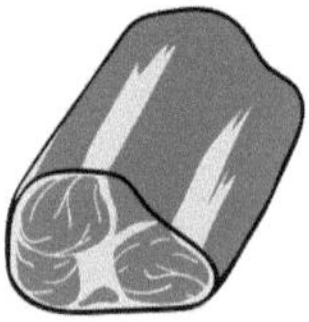

گوشت

nyama

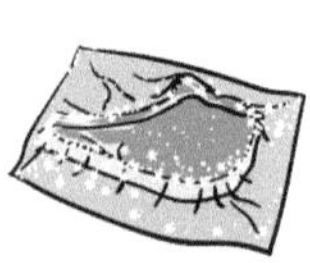

غذای منجمد

chakula waliohifadhiwa

غذای سرد

vipande vya nyama baridi

غذای کنسر شده

chakula cha kopo

پودر رختشویی

sabuni ya unga

شیرینی

pipi

لوازم خانگی

bidhaa za kaya

محصولات پاک کننده

bidhaa za kusafisha

فروشنده

mtu mauzo

دخل پیسه

mpaka

صندوقدار

keshia

لست خرید

orodha ya manunuzi

ساعات کاری

masaa ya ufunguzi

بکسک جیبی

mkoba

کریدیت کارت

kadi

بیگ

mfuko

بیگ پلاستیکی

mfuko wa plastiki

آب

maji

جوس

sharubati

شیر

maziwa

نوشابه

coke

شراب

mvinyo

بیر

bia

الکول

pombe

ککو

kakao

چای

chai

قهوه

kahawa

أسپرسو

spreso

کاپوچینو

kapuchino

كيله

ndizi

سيب

tufaha

مالته

machungwa

تربوز

tikiti

ليمو

lemon

زردگ

karoti

سير

kitunguu saumu

چوب خيزران

mianzi

پياز

kitunguu

سمارق

uyoga

مغزيات

karanga

آش

nudo

مكرونى

spageti

برنج

mpunga

سلاد

saladi

چيپس

vibanzi

كچالو سرخ كرده

viazi vya kukaanga

پيتزا

piza

همبرگر

hambaga

ساندويچ

sandwichi

كتلت

kipande

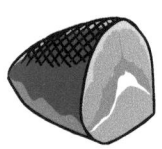

همبرگر

paja la mnyama

سالامى

salami

ساسچ

soseji

مرغ

kuku

كباب

choma

ماهى

samaki

فرنی جو

oats ya uji

صبحانه رژیمی

muesli

کورن فلکس

cornflakes

آرد

unga

کروسانت

kroisanti

قرص نان

andazi

نان خشک

mkate

توست / نان بریان

mkate wa kubanika

بیسکیت

biskuti

مسکه

siagi

چکه

maziwa mgando

کیک

keki

تخم مرغ

yai

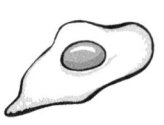

تخم مرغ سرخ شده

yai kukaanga

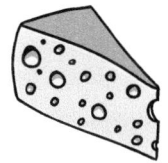

پنیر

jibini

آیسکریم

aiskrimu

شکر

sukari

عسل

asali

مربا

jemu

مسکه چاکلیت

kuenea kwa chokoleti

زردچوبه هندی

mchuzi wa viungo

مزرعه

shamba

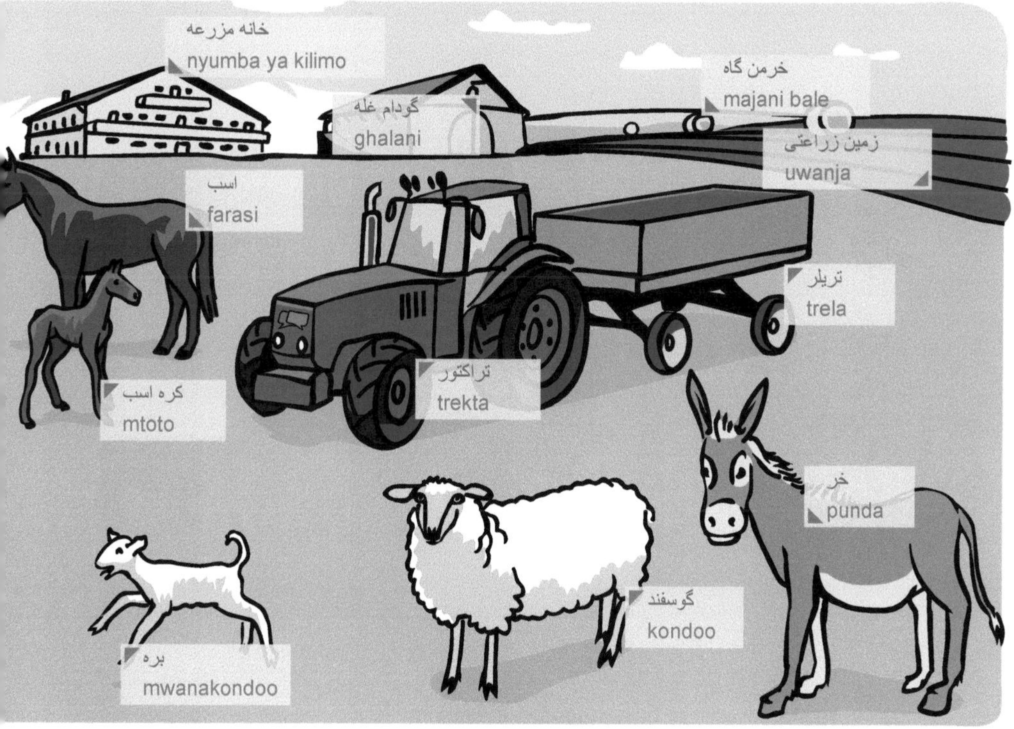

خانه مزرعه
nyumba ya kilimo
گودام غله
ghalani
خرمن گاه
majani bale
زمین زراعتی
uwanja
اسب
farasi
تریلر
trela
کره اسب
mtoto
تراکتور
trekta
خر
punda
گوسفند
kondoo
بره
mwanakondoo

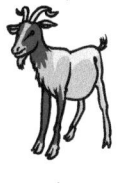

بز
mbuzi

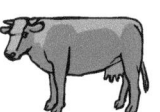

گاو
ng'ombe

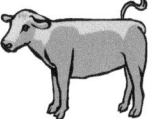

گوساله
ndama

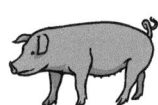

خوک
nguruwe

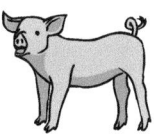

خوکچه
mwananguruwe

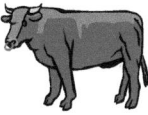

گاو نر
fahali

قاز

batabukini

مرغابی

bata

چوچه مرغ

kifaranga

مرغ

kuku

خروس

jogoo

موش صحرایی

panya

پیشک

paka

موش

panya

گاومیش

ng'ombe

سگ

mbwa

خانه سگ

nyumba ya mbwa

خانه باغ

bomba la bustani

آبپاش

debe la kumwagilia maji

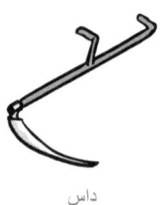

داس

fyekeo

قولبه کردن

kulima

داس

mundu

کج بیل

jembe

چنگال باغبانی

uma wa nyasi

تبر

shoka

کراچی

toroli

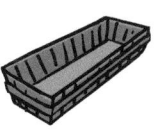

تغار

kupitia nyimbo

قوطی شیر

chombo cha maziwa

بوجی

gunia

دیوار مرزی از چوب یا سیم خار دار

ua

پایدار

imara

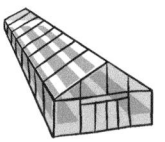

گلخانه

chafu

خاک

udongo

تخم

mbegu

کود

mbolea

ماشین درو وخرمنکوبی

kivunaji

درو کردن

mavuno

درو

mavuno

کچالو شرین

viazi vikuu

گندم

ngano

سویا

soya

کچالو

viazi

جواری

mahindi

کلزا

rapa

درخت میوه

mti wa matunda

مانیوک

muhogo

غلات و حبوبات

nafaka

خانه

nyumba

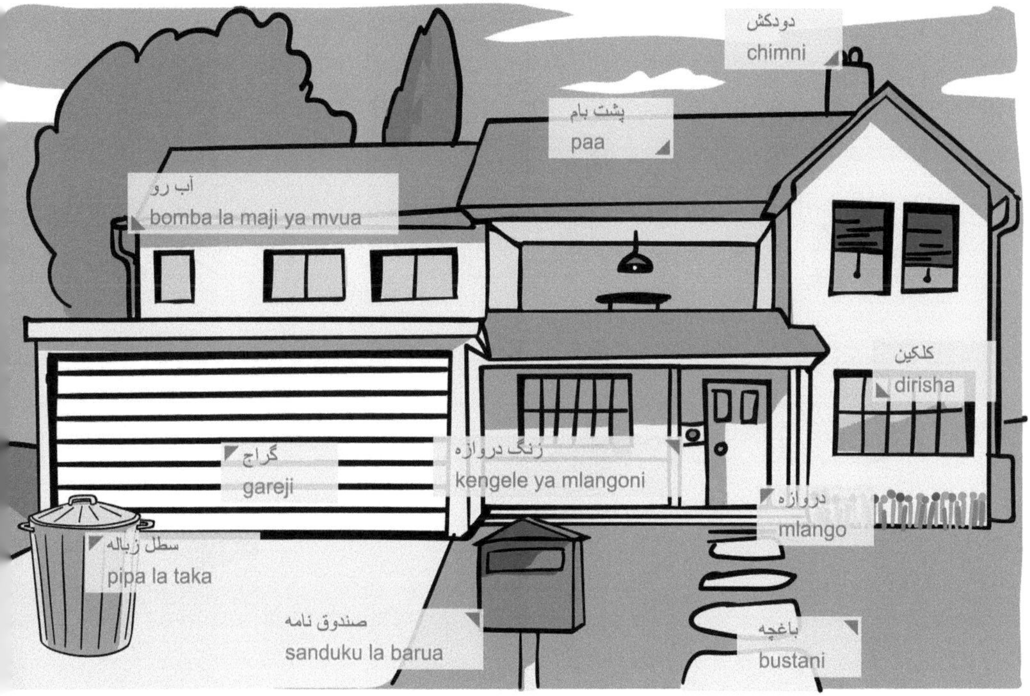

دودکش
chimni
پشت بام
paa
آب رو
bomba la maji ya mvua
کلکین
dirisha
گراج
gareji
زنگ دروازه
kengele ya mlangoni
دروازه
mlango
سطل زباله
pipa la taka
صندوق نامه
sanduku la barua
باغچه
bustani

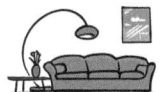

اطاق نشیمن

sebuleni

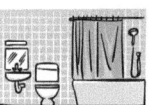

حمام / دستشویی

bafu

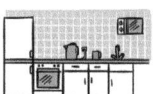

آشپزخانه

jikoni

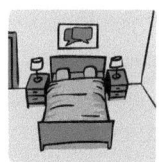

اطاق خواب

chumba cha kulala

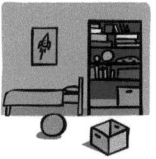

اطاق اطفال

chumba ya mtoto

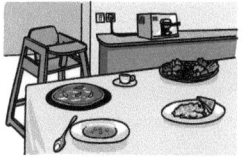

اطاق پذیرایی

chumba cha kulia

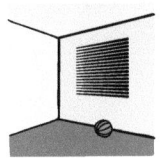

کف زمین
sakafu

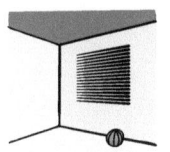

دیوار
ukuta

سقف
dari

گودام زیر زمینی
pishi

سونا
sauna

بالکن
roshani

برنده / بالکن
mtaro

حوض
kidimbwi

ماشین درو کردن چمن
mashine ya kukata nyasi

ورق کاغذ
karatasi

روجایی
kitambaa cha kupamba
kitanda

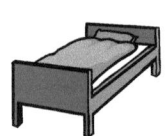

تختخواب
kitanda

جارو
ufagio

سطل
ndoo

سویچ
kubadili

اطاق نشیمن

sebuleni

کاغذ دیواری
mandhari
تصویر
picha
چراغ
taa
قفسه
rafu
کابینت
kabati
تلویزیون
televisheni/runinga
بخاری دیواری
mekoni
گل
ua
بالشت
mto
کوچ
sofa
گلدان
chombo cha maua
ریموت کنترول
kitenzambali

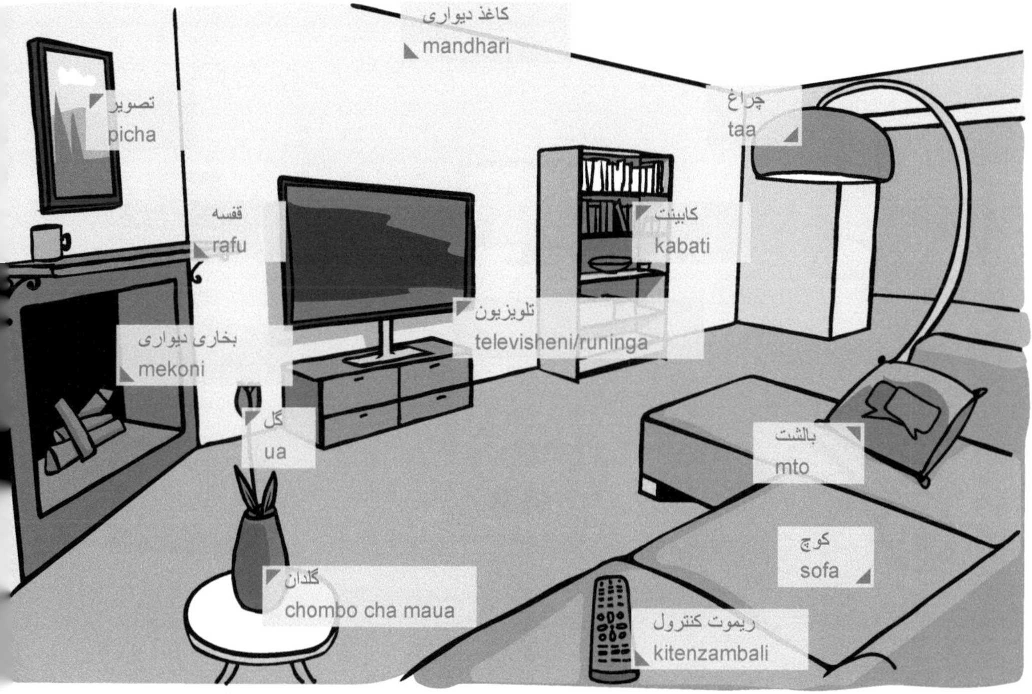

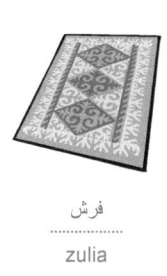

فرش

zulia

پرده

pazia

میز

meza

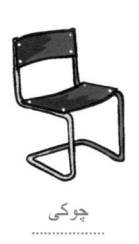

چوکی

kiti

چوکی گهواره یی

kiti cha bembea

چوکی دسته دار

armchair

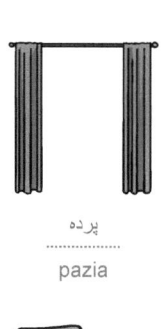

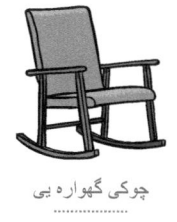

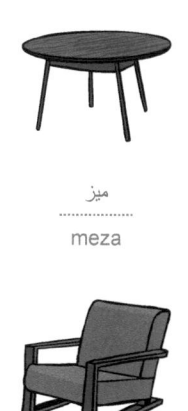

کتاب

kitabu

کمپل

blanketi

دکوراسیون

mapambo

هیزم

kuni

فلم

filamu

سیستم های فای

kifaa cha hi-fi

کلید

ufunguo

روزنامه

gazeti

تابلوی نقاشی

uchoraji

پوستر

bango

رادیو

redio

دفتر

daftari

جاروبرقی

kifyonza

کاکتوس

dungusi kakati

شمع

mshumaa

آشپزخانه
jikoni

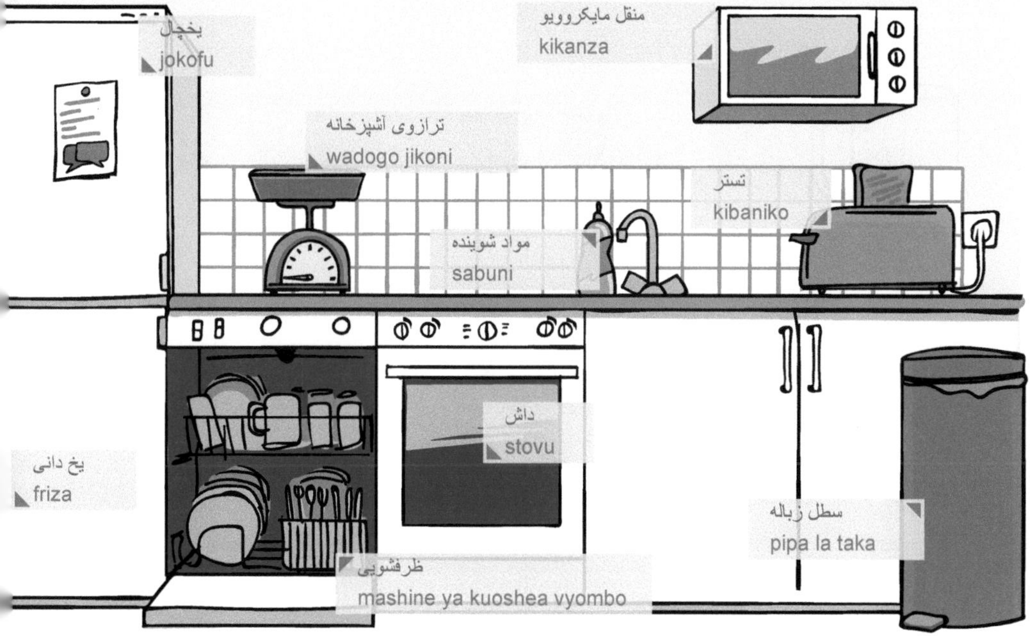

یخچال
jokofu
منقل مایکروویو
kikanza
ترازوی آشپزخانه
wadogo jikoni
تستر
kibaniko
مواد شوینده
sabuni
داش
stovu
یخ دانی
friza
سطل زباله
pipa la taka
ظرفشویی
mashine ya kuoshea vyombo

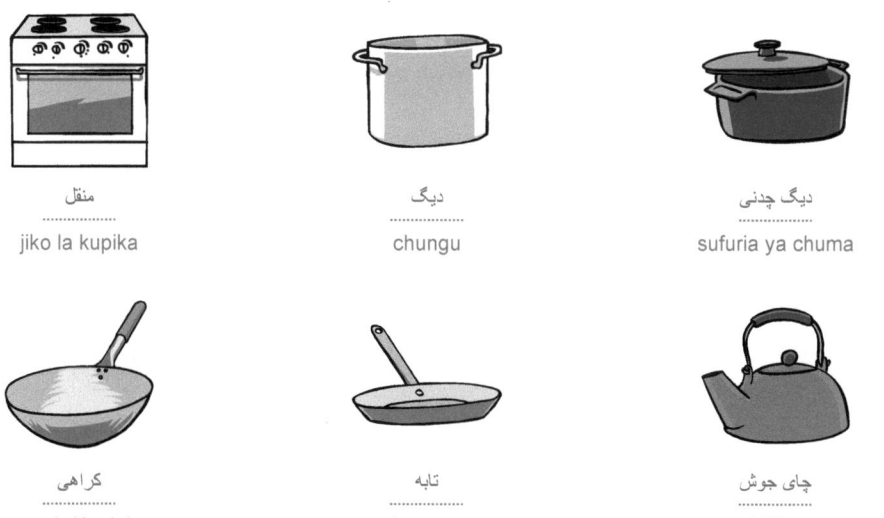

منقل

jiko la kupika

دیگ

chungu

دیگ چدنی

sufuria ya chuma

کراهی

wok / kadai

تابه

kaango

چای جوش

birika

بخارپز

stima

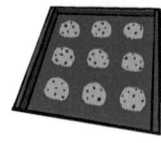

پطنوس طباخی

sinia ya kuoka

ظروف

vyombo vya udongo

پیاله کلان

kombe

کاسه

bakuli

چاپستیک ها

vijiti vya kulia

ملاقه

ukawa

کفگیر

mwiko mpana

مخلوط کننده

burashi

چلو صاف

kichujio

غلبیل

chujio

رنده

mbuzi

هاونگ

chokaa

بار بیکیو

barbeque

آتش باز

moto wazi

تخته برش

ubao wa majaribio

آشگز

kijiti cha kusukuma unga

سر بازکن

kizibuo

قوطی

kopo

سر باز کن

inaweza kopo

دستگیره تکه ای

kishikio cha chungu

ظرف شویی

karo

برس ظرف شویی

brashi

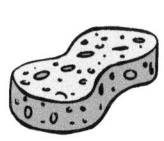

اسفنج

sifongo

مخلوط کن

kisagaji matunda

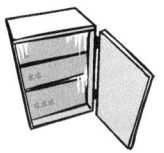

فریزر

friji ya kina

شیر چوشک اطفال

chupa ya mtoto

نل آب

bomba

حمام / دستشویی

bafu

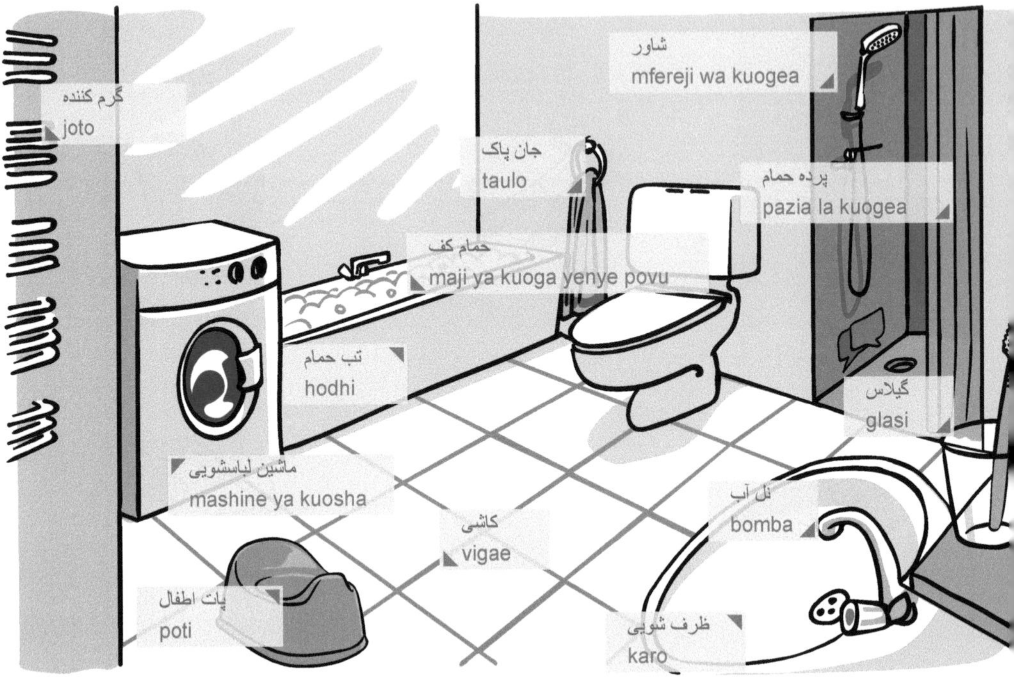
گرم کننده
joto
شاور
mfereji wa kuogea
جان پاک
taulo
پرده حمام
pazia la kuogea
حمام کف
maji ya kuoga yenye povu
تب حمام
hodhi
گیلاس
glasi
ماشین لباسشویی
mashine ya kuosha
نل آب
bomba
کاشی
vigae
پات اطفال
poti
ظرف شویی
karo

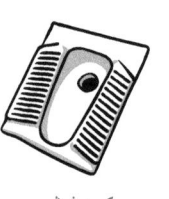

تشناب

choo

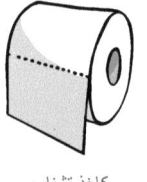

کمود فرشی

choo cha squat

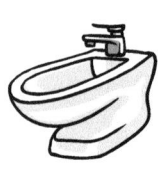

کمود

beseni la mviringo

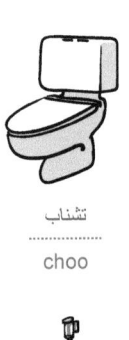

تشناب مرد ها

choo cha umma

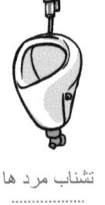

کاغذ تشناب

shashi

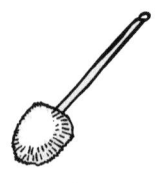

برس کمود

brashi ya choo

برس دندان

mswaki

کریم دندان

dawa ya meno

نخ دندان

dawa ya meno

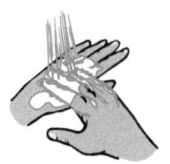

شستن

safisha

شاور دستی

kuoga mkono

شاور کمود

msukumo wa maji

دستشویی

bonde

برس پشت

mpako wa pili

صابون

sabuni

جل حمام

jeli ya kuogea

شامپو

shampuu

لیف

flana

آب رو

toa maji

کریم

krimu

بوزدا

kiondoa harufu

آینه

kioo

أینه دستی

kioo mkono

ریش تراش

kinyozi

کف ریش تراشی

povu la kunyoa

کلونیا

baada ya kunyoa

شانه موی

kichana

برس

brashi

سشوار

kikausha nywele

اسپری مو

marashi ya nyewele

آرایش

vipodozi

لب سرین

kidomwa

رنگ ناخن

varnish ya msumari

پشم پنبه

pamba

ناخن گیر

mkasi wa kucha

عطر

manukato

کیسه شستشو

mkoba wa kuosha

چوکی چار پایه

kinyesi

ترازوی وزن

mizani

جان پاک

nguo ya kuoga

دستکش پلاستیکی

glavu za mpira

تامپون

kisodo

کوتکس

sodo

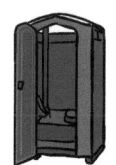

تشناب سیار

kemikali choo

اطاق اطفال

chumba ya mtoto

ساعت زنگ دار
saa ya kengele
گدی های نرم
kidoli cha kupakata
موتر سامان بازی
gari bandia
جرنگانه
kelele
خانه گدی
chumba cha midoli
هدیه
sasa

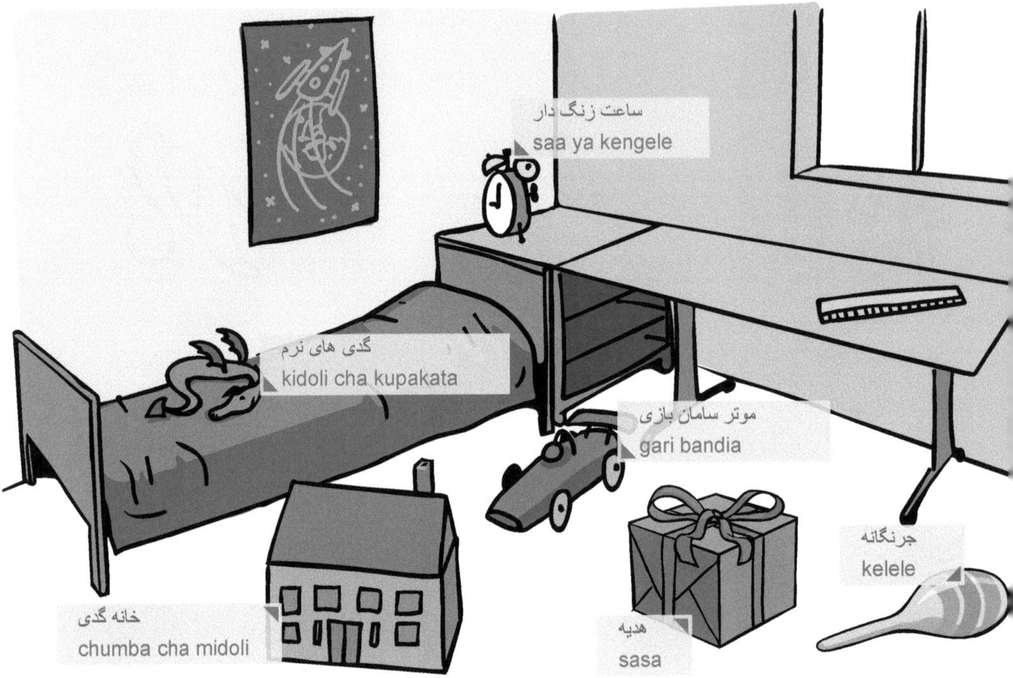

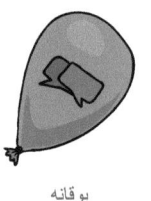

پوقانه

baluni

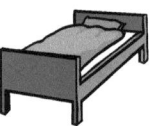

تختخواب

kitanda

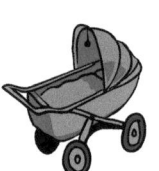

ریکشه اطفال

mashua

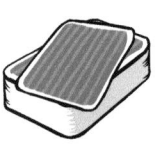

قطعه بازی

staha ya kadi

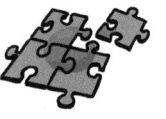

پازل

mchezo-fumb

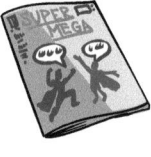

خنده آور

vichekesho

خشت های لگو

matofali lego

بلوک های سامان بازی

vitalu mwigo

پچه فلم

hatua takwimu

لباس طفل

suti ya kulalia

فریزبی

kisahani

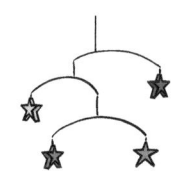

سامان بازی که روی تخت خواب اطفال
اویزان می شود

simu

بازی تخته یی

ubao wa michezo

تاس

kete

ریل اسباب بازی

garimoshi mwigo

چوشک

dummy

مهمانی

chama

کتاب تصویری

picha kitabu

توپ

mpira

گدیگک

kikaragosi

بازی کردن

kucheza

جعبه ریگ

shimo la mchanga

گاز

bembea

اسباب بازی

vitu bandia

کنسول بازی کمپیوتری

kiweko cha video ya mchezo

سه چرخه

baiskeli ya magurudumu

خرس سامان بازی

mwanasesere

matatu

الماری لباس

kabati

جوراب

soksi

جوراب دراز

stokingi

برجس

kibano

چادر سر
skafu

چتری
mwavuli

بلوز
fulana

کمربند
ukanda

بوت
viatu

چپلک
ndara

کرمچ
wakufunzi

چپلی
malapa

بوت
viatu

موزه پلاستیکی
mabuti ya mpira

نیکر
suruali ya ndani

واسکت زنانه
sidiria

واسکت
fulana

بدن

mwili

برزو

suruali

پتلون کاوبای

dangirizi

دامن

sketi

بلوز

blauzi

پیراهن

shati

یالان

vuta

جاکت کلاه دار

sweta

جاکت

bleza

چمپر

jaketi

کورتی

koti

کوت بارانی

koti la mvua

لباس مخصوص مراسم

maleba

پیراهن

gauni

لباس عروسی

mavazi ya harusi

درِيشی
suti

لباس خواب
vazi la usiku

پاجامه
pajama

ساری
sari

چادر سر
skafu

لنگی
kilemba

چادری
burka

کفتان
kaftan

چادر
abaya

لباس آببازی
vazi la kuogelea

نیکر پاچه دار
vazi la kiume la kuogelea

پتلون نصفه
kaptura

لباس ورزشی
teitei

پیش بند
aproni

دستکش
glavu

دکمه

kifungo

عینک

glasi

دستبند

bangili

گردن بند

mkufu

انگشتر

pete

گوشواره

herini

کلاه پیک دار

kofia

کوت بند

kiango cha koti

کلاه

kofia

نیکتایی

tai

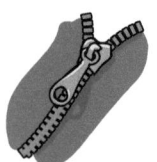

زیپ

zipu

کلاه مصون

kofia

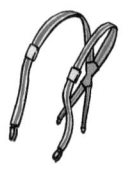

بند تنبان

kanda za suruali

یونیفورم مکتب

sare za shule

یونیفورم

sare

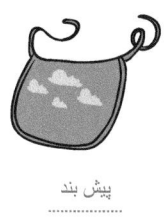

پیش بند

bibu

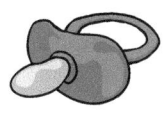

چوشک

dummy

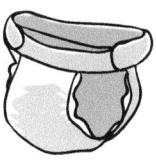

پمپر

nepi

دفتر

ofisi

سرور
seva
الماری اسناد
kabati la kuweka faili
کاغذ
karatasi
پرینتر
kichapishaji
مانیتور
kiwambo
میز کار
dawati
ماوس
kipanya
فولدر
folda
کیبورد
kibodi
سبد ک
cha kuweka karatasi chafu
کمپیوتر
kompyuta
چوکی
kiti

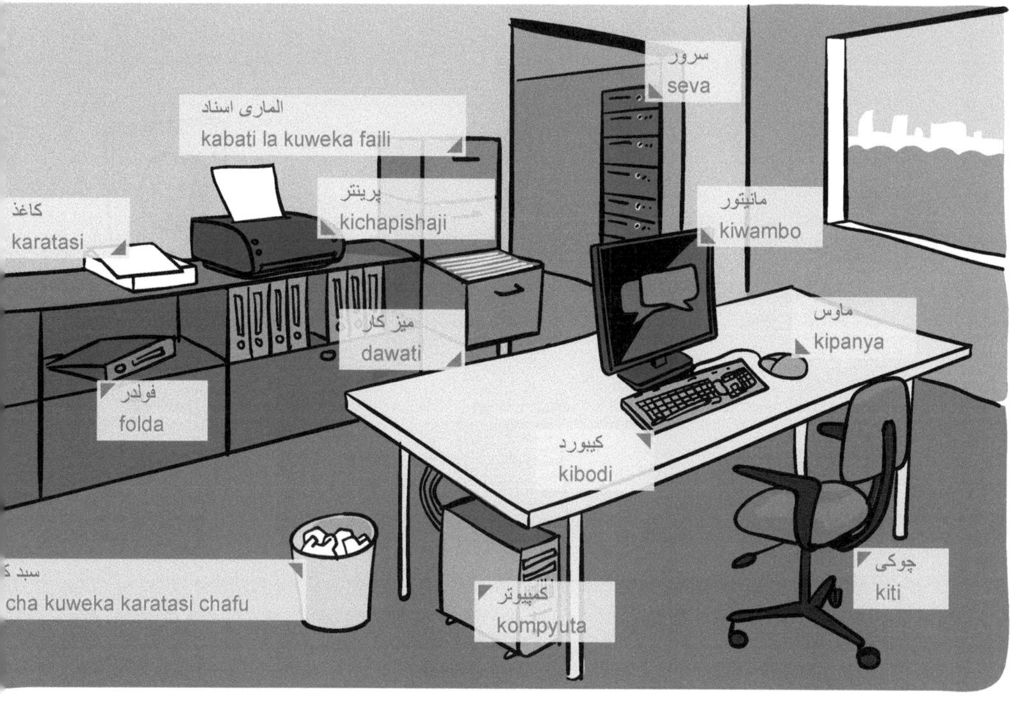

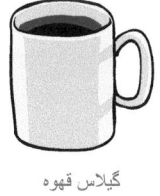

گیلاس قهوه

kmobe la kahawa

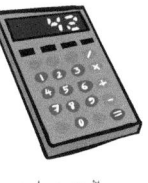

ماشین حساب

kikokotoo

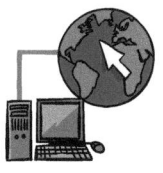

اینترنت

biashara

لپ تاپ

mbali

نامه

barua

پیام

ujumbe

موبایل

rununu

شبکه

intaneti

ماشین فوتوکاپی

fotokopia

نرم افزار

programu

تلیفون

simu

پلک

soketi

دستگاه فکس

kipepesi

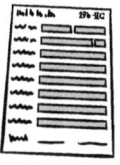

فورمه

fomu

سند

hati

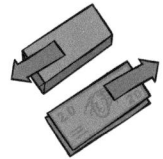

خرید کردن

kununua

پرداختن

kulipa

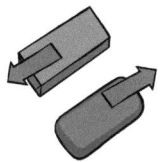

تجارت کردن

biashara

پول

fedha

دالر

dola

یورو

yuro

ین

yeni

روبل

rouble

فرانک سوئیس

faranga ya Uswisi

یوان رنمینبی

renminbi yuan

روپیه

rupia

خودپرداز

eneo la kulipia

دفتر صرافى

ofisi ya ubadilishanaji

طلا

dhahabu

نقره

fedha

نفت

mafuta

انرژى

nishati

قیمت

bei

قرارداد

mkataba

مالیات

kodi

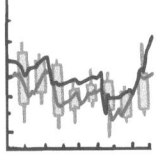

سهام

bidhaa

کار کردن

kazi

کارمند

mfanyakazi

استخدام کننده

mwajiri

فابریکه

kiwanda

مغازه

duka

شغل ها

kazi

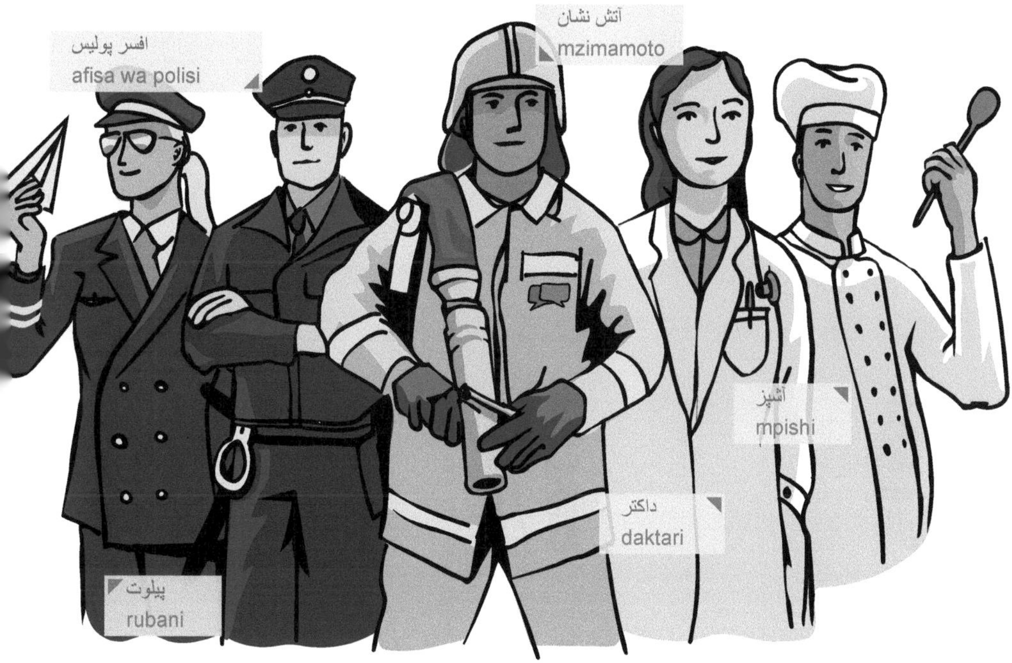

افسر پولیس
afisa wa polisi
آتش نشان
mzimamoto
آشپز
mpishi
داکتر
daktari
پیلوت
rubani

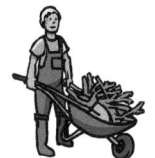

باغبان
....
mtunza bustani

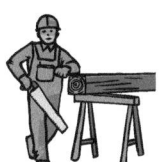

نجار
....
seremala

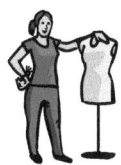

خیاط
....
mshonaji

قاضی
....
hakimu

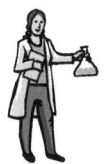

کیمیا دان
....
mwanakemia

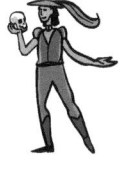

بازیگر
....
muigizaji

راننده بس

dereva wa basi

راننده تکسی

dereva wa teksi

ماهیگیر

mvuvi

خدمه

mwanamke wa kusafisha

سقف ساز

mwezekaji

پیشخدمت

mhudumu

شکارچی

mwindaji

نقاش

mchoraji

نانوا

mwokaji

برقی

umeme

بنا

mjenzi

انجنیر

mhandisi

قصاب

mchinjaji

نلدوان

fundi bomba

پستچی

mwanaposta

سرباز

mwanajeshi

معمار

msanifu majengo

صندوقدار

keshia

گل فروش

muuza maua

آرایشگر

msusi

مامور تکت ریل

kondakta

میخانیک

mekanika

کاپیتان

nahodha

داکتر دندان

daktari wa meno

دانشمند

mwanasayansi

خاخام/ عالم یهودی

rabbi

امام

imamu

راهب

mtawa

ملا

kasisi

ابزار
zana

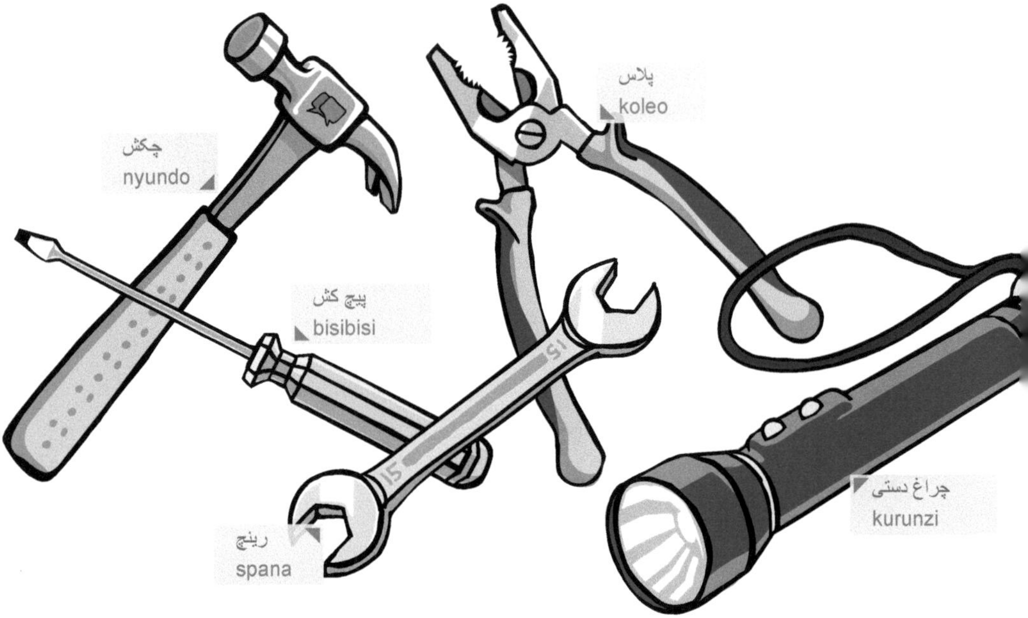

چکش
nyundo
پلاس
koleo
پیچ کش
bisibisi
رینچ
spana
چراغ دستی
kurunzi

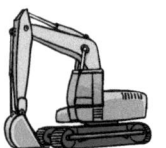

ماشین حفاری
mchimbaji

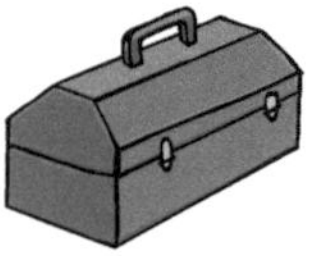
جعبه ابزار
sanduku la vifaa

زینه
ngazi

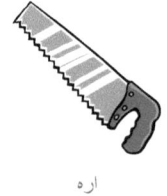

اره
msumeno

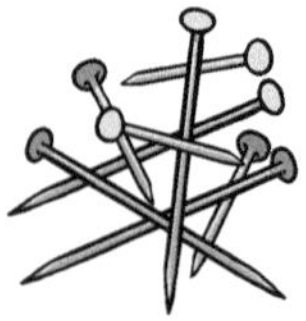
میخ
misumari

برمه
kuchimba visima

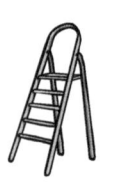

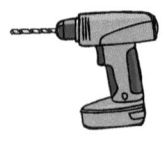

ترمیم کردن

kukarabati

بیل

sepetu

لعنتی!

Lo!

خاکروبه

kishikio cha uchafu

سطل رنگ

chungu cha rangi

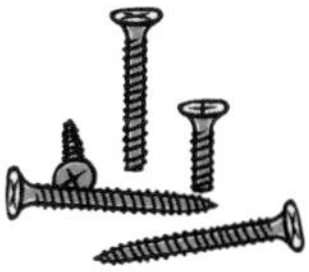

پیچ

skurubu

آلات موسیقی
ala za muziki

درام کیت
mpangilio wa ngoma ◄

بلندگو
spika

بلندگو
spika

کنترباس
besi mara mbili

ترومپت
tarumbeta

گیتار
gita ◄

پیانو

piano

وایلن

fidla

گیتار بیس

ubeji

دهل

timpani

دول

ngoma

پیانوی برقی

kibodi

ساکسوفون

saksafoni

توله

filimbi

میکروفون

maikrofoni

باغ وحش

bustani ya wanyama

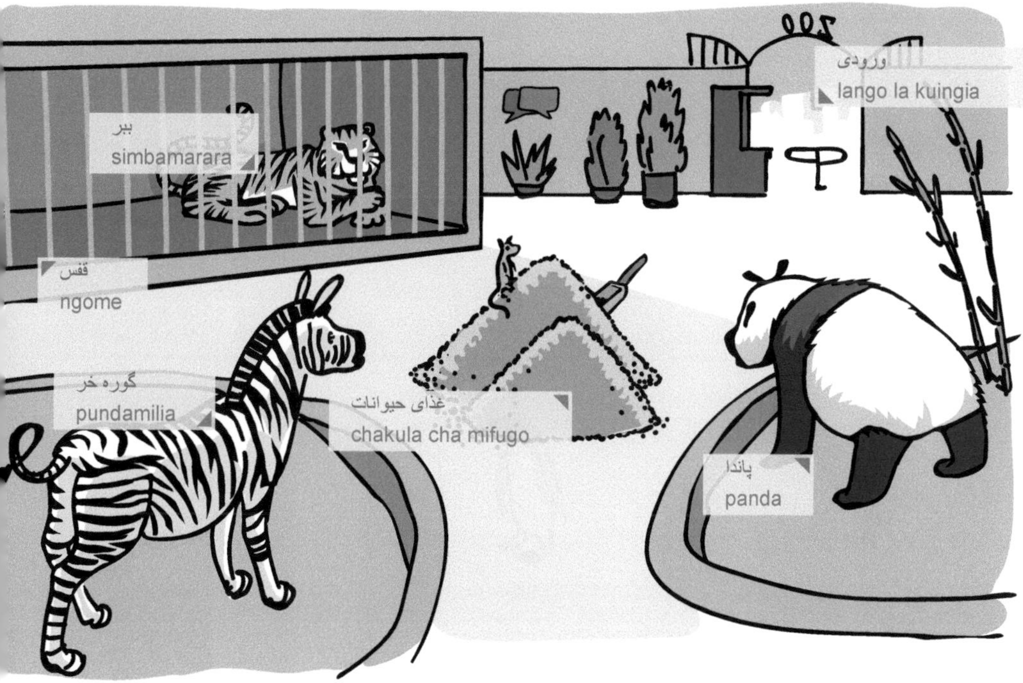
ورودی
lango la kuingia
ببر
simbamarara
قفس
ngome
گوره خر
pundamilia
غذای حیوانات
chakula cha mifugo
پاندا
panda

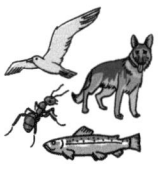

حیوانات

wanyama

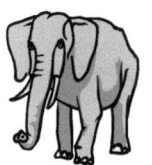

فیل

tembo

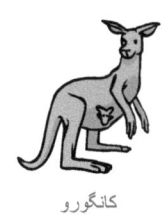

کانگورو

kangaruu

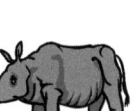

غژ گاو

kifaru

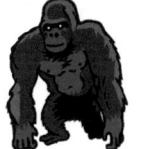

گوریلا

sokwe

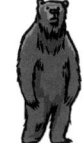

خرس

dubu

شتر

ngamia

شترمرغ

mbuni

شیر

simba

میمون

tumbili

فلامینگو

heroe

طوطی

kasuku

خرس قطبی

dubu

پنگوئن

penguini

کوسه

papa

طاووس

tausi

مار

nyoka

تمساح

mamba

نگهبان باغ وحش

mtunza wanyama

سگ آبی

muhuri

پلنگ خالدار امریکایی

jaguar

اسب کوچک
mwanafarasi

پلنگ
chui

اسب آبی
kiboko

زرافه
twiga

عقاب
tai

خوک وحشی
nguruwe mwitu

ماهی
samaki

سنگ پشت
kobe

شیر دریایی
sili

روباه
mbweha

غزال
paa

فوتبال امریکایی
soka ya marekani

بایسکل سواری
uendeshaji baiskeli

تنیس
tenisi

باسکتبال
mpira wa kikapu

آب بازی
kuogelea

بوکس
ndondi

هاکی روی یخ
magongo ya barafuni

فوتبال
soka

بدمینتون
vinyoya

ورزشکاری
riadha

هندبال
mpira wa mikono

اسکی
skii

پولو
polo

فعالیت ها

shughuli

خیز زدن
kuruka
بغل کردن
kumbatia
خندیدن
cheka
راه رفتن
kutembea
خواندن
kuimba
خواب دیدن
ota ndoto
دعا کردن
kuomba
بوسیدن
busu

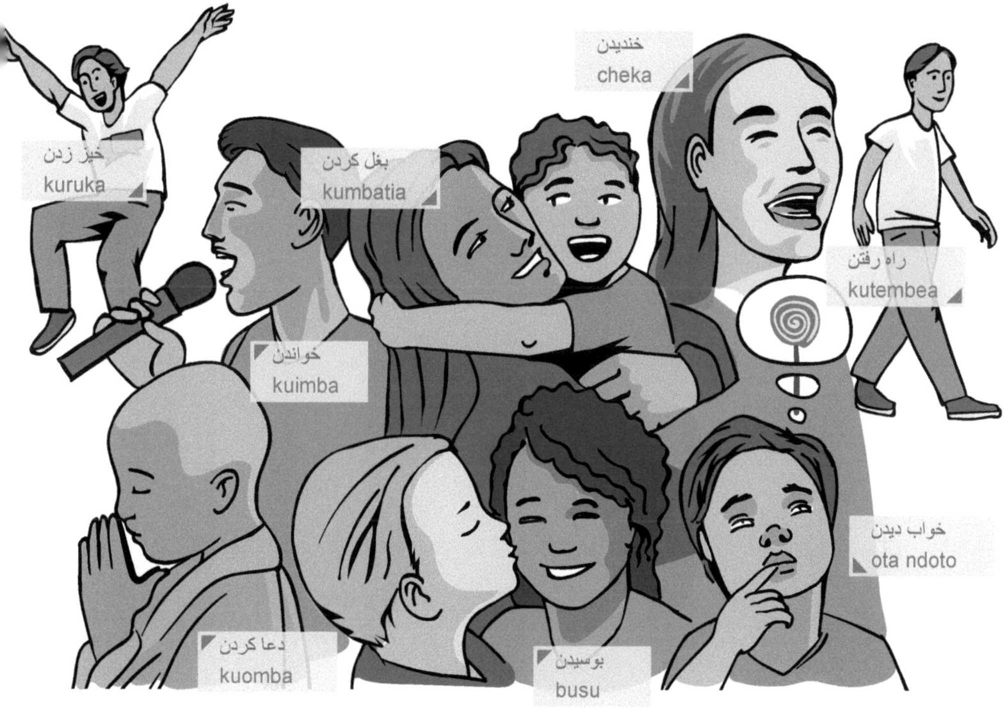

نوشتن

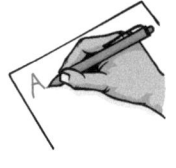

kuandika

کشیدن

kuteka

نشان دادن

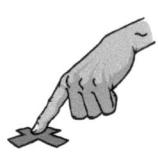

angalia

تیله کردن

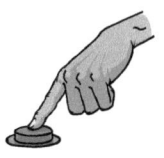

sukuma

دادن

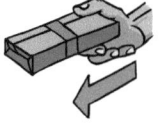

kutoa

گرفتن

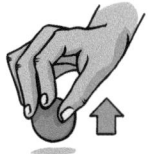

kuchukua

داشتن

kuwa

انجام دادن

fanya

بودن

kuwa

ایستادن

kusimama

دویدن

kukimbia

کش کردن

vuta

پرتاب کردن

kutupa

افتادن

kuanguka

دروغ گفتن

hadaa

صبر کردن

kusubiri

حمل کردن

kubeba

نشستن

kukaa

لباس پوشیدن

vaa nguo

خوابیدن

usingizi

بیدار شدن

kuamka

نگاه کردن

kuangalia

گریه کردن

lia

ضربه زدن

kiharusi

شانه کردن

chana nywele

صحبت کردن

ongea

فهمیدن

kuelewa

پرسیدن

kuuliza

گوش دادن

kusikiliza

نوشیدن

kunywa

خوردن

kula

مرتب کردن

nadhifisha

عشق ورزیدن

upendo

پختن

mpishi

راننده گی کردن

gari

پرواز کردن

kuruka

روی آب حرکت کردن

meli

حساب کردن

kokotoa

خواندن

kusoma

یاد گرفتن

kujifunza

کار کردن

kazi

ازدواج کردن

kuoa

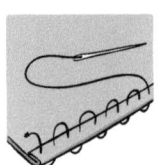

دوختن

kushona

برس کردن دندان ها

piga mswaki

کشتن

kuua

سگریت کشیدن

moshi

فرستادن

kutuma

فامیل
familia

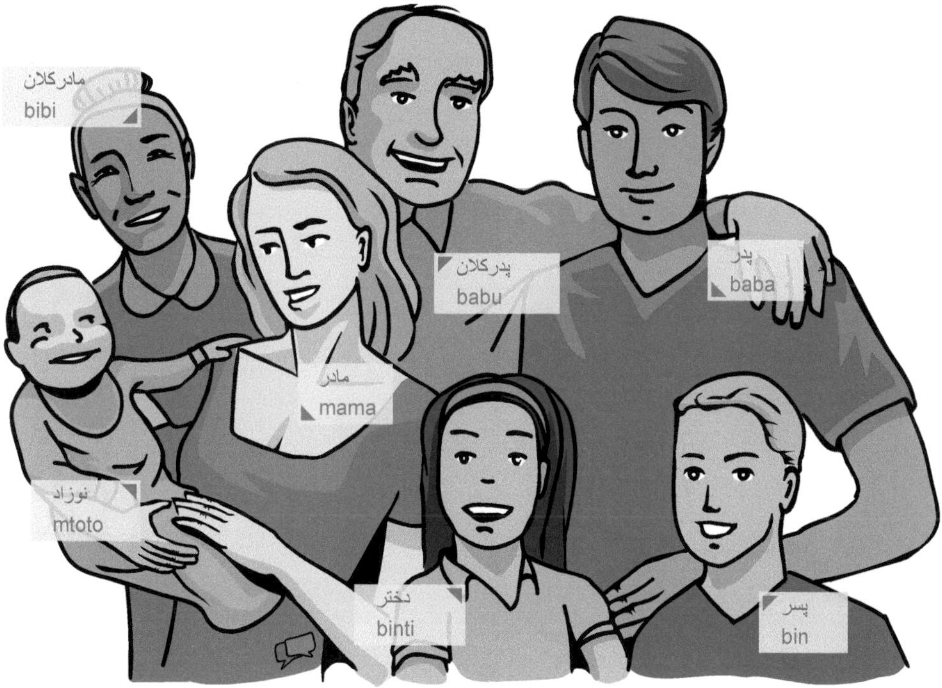
مادرکلان
bibi
پدرکلان
babu
پدر
baba
مادر
mama
نوزاد
mtoto
دختر
binti
پسر
bin

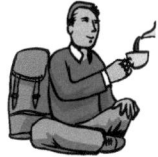

مهمان
mgeni

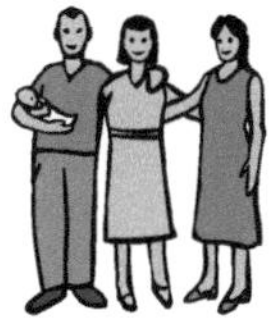
عمه / خاله
shangazi

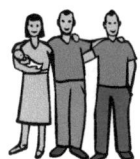

ماما/کاکا
mjomba

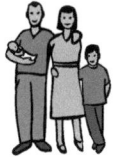

برادر
kaka

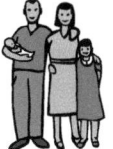

خواهر
dada

بدن
mwili

پیشانی
paji la uso
چشم
jicho
شانه
bega
انگشت
kidole
روی
uso
زنخ
kidevu
دست
mkono
پا
mguu
سینه
matiti
بازو
mkono

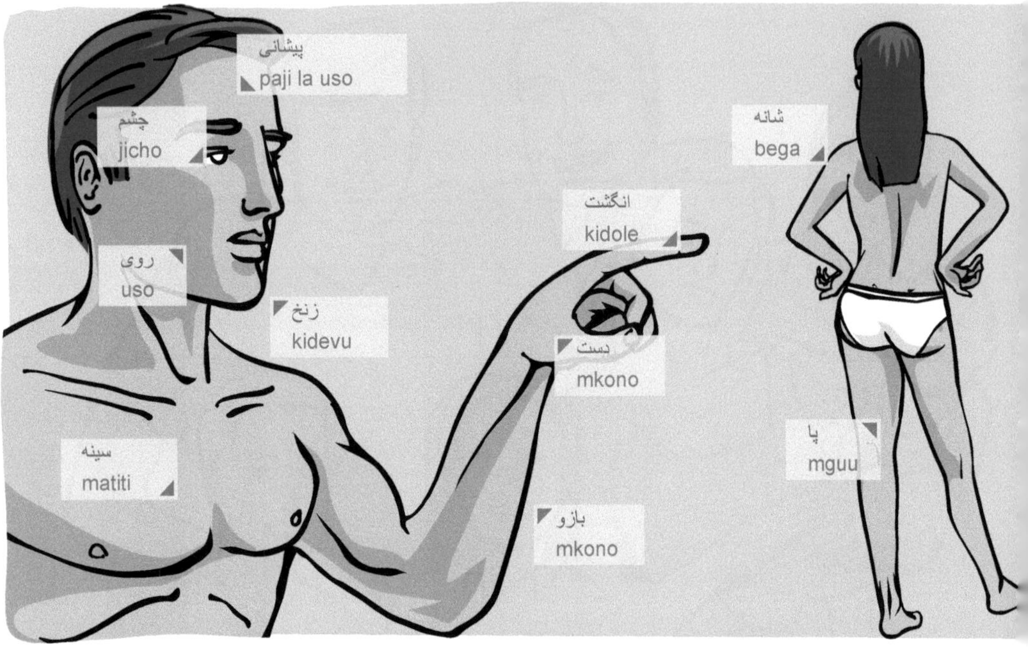

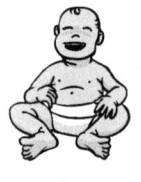

نوزاد

mtoto

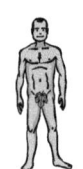

مرد

mwanamume

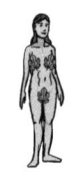

زن

mwanamke

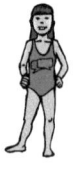

دختر

msichana

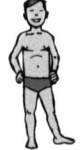

پسر

mvulana

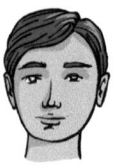

سر

kichwa

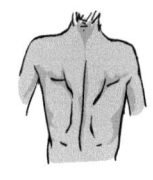

كمر

nyuma

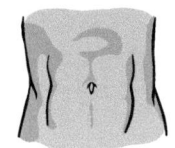

شكم

tumbo

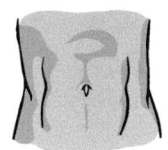

ناف

kitovu

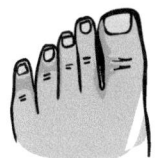

انگشت پا

chano

کوری پای

kisigino

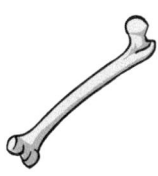

استخوان

mfupa

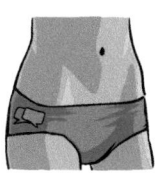

كمر

nyonga

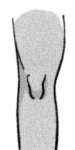

زانو

goti

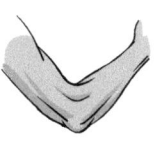

آرنج

kiwiko

بینی

pua

سرین

chini

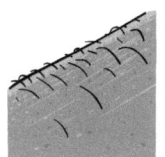

پوست

ngozi

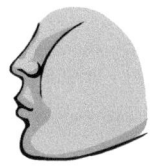

کومه

shavu

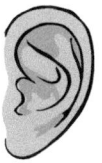

گوش

sikio

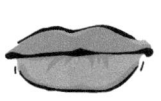

لب

mdomo

دهان

kinywa

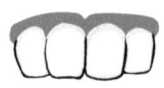

دندان

jino

زبان

ulimi

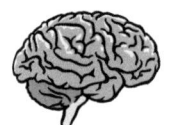

مغز

ubongo

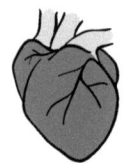

قلب

moyo

عضله

misuli

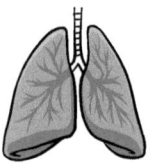

شش

pafu

جگر

ini

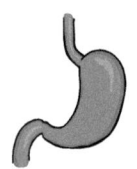

معده

tumbo

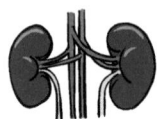

گرده

figo

رابطه جنسی

jinsia

کاندوم

kondomu

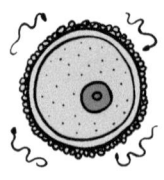

تخمه

ovari

آب منی

shahawa

حاملگی

mimba

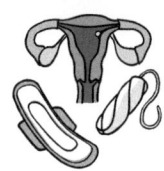

قاعده گی

hedhi

مجرای تناسلی زن

uke

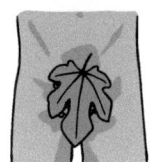

آلت تناسلی مرد

uume

ابرو

unyusi

مو

nywele

گردن

shingo

شفاخانه

hospitali

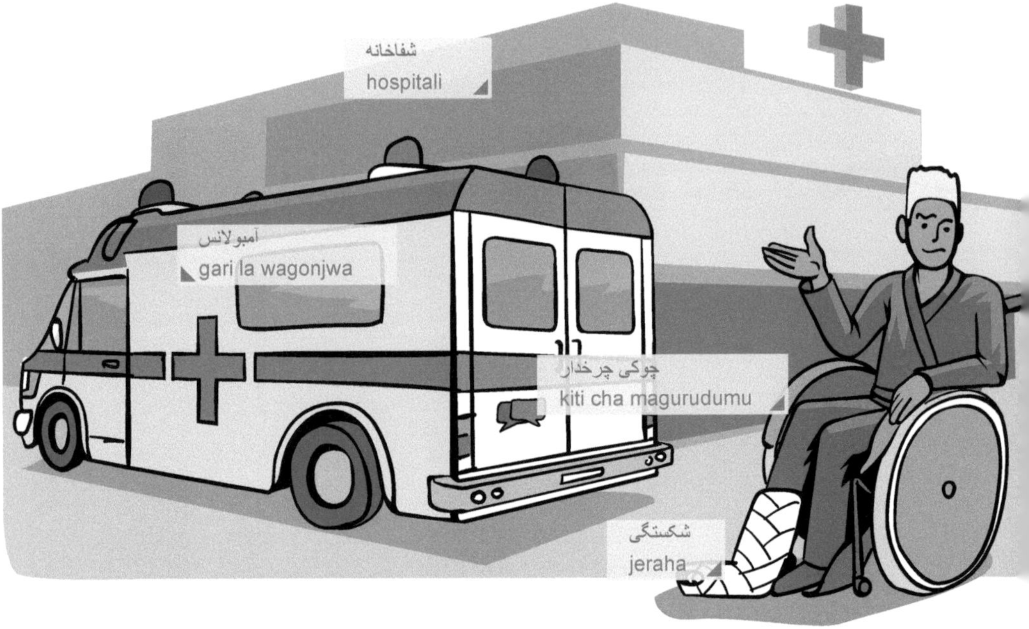

شفاخانه
hospitali
آمبولانس
gari la wagonjwa
چوکی چرخدار
kiti cha magurudumu
شکستگی
jeraha

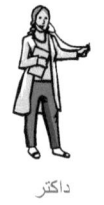

داکتر

daktari

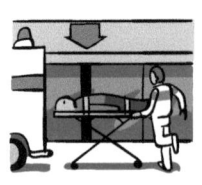

اطاق عاجل

chumba cha dharura

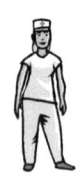

نرس

muuguzi

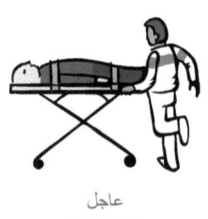

عاجل

dharura

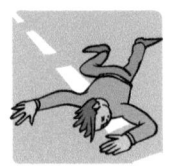

بیهوش

kupoteza fahamu

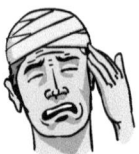

درد

maumivu

جراحت

kuumia

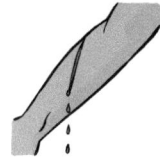

خونریزی

kutokwa na damu

حمله قلبی

mshtuko wa moyo

سکته مغزی

kiharusi

حساسیت

mzio

سرفه

kikohozi

تب

homa

انفلوانزا

mafua

اسهال

kuharisha

سردرد

maumivu ya kichwa

سرطان

kansa

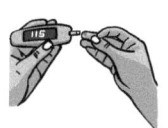

شکر

ugonjwa wa kisukari

جراح

daktari mpasuaji

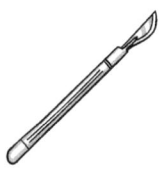

چاقوی جراحی

kisu kidogo cha kupasulia

عملیات

operesheni

سی تی

picha changanufu ya mwili

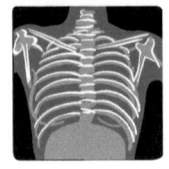

ایکسری

Eksrei

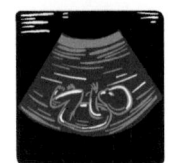

سونوگرافی

mawimbi sauti

ماسک روی

barakoa ya uso

مریضی

ugonjwa

اطاق انتظار

chumba cha kusubiri

عصا

mkongojo

گچ

plasta

پانسمان

bendeji

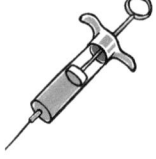

تزریق

sindano

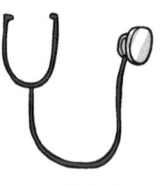

استاتسکوپ

stetoskopu

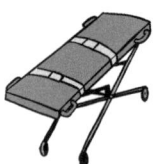

تذکره

machela

ترمامیتر کلینیکی

kipimajoto cha kliniki

تولد

kuzaliwa

اضافه وزن

unene kupita kiasi

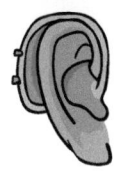

سمعک

kusikia misaada

ضدعفونی کننده

kipukusi

عفونت

maambukizi

وایروس

virusi

اچ آی وی / ایدز

VVU / UKIMWI

ادویه

dawa

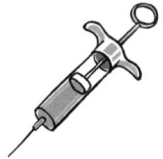

واکسیناسیون

chanjo

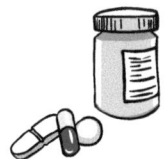

تابلیت ها

vidonge

تابلیت

kidonge

تماس اضطراری

simu ya dharura

مانیتور فشار خون

haemodainamometa

بیمار / سالم

mgonjwa / mwenye afya

زنگ هشدار

kengele

تجاوز

pigo

کمک!

Msaada!

حمله

shambulizi

خطر

hatari

خروج اضطراری

lango la dharura

آتش!

Moto!

آله ضد حریق

kizima moto

حادثه

ajali

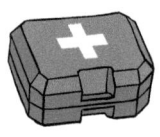

بکسه کمک های اولیه

vifaa vya huduma ya kwanza

پیام اضطراری

wito wa msaada

پولیس

polisi

اروپا

Ulaya

امریکای شمالی

Amerika ya Kaskazini

امریکای جنوبی

Amerika ya Kusini

آفریقا

Afrika

آسیا

Asia

استرالیا

Australia

اقیانوس اطلس

Atlantiki

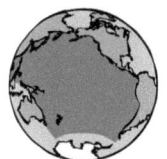

اقیانوس آرام

Pasifiki

اقیانوس هند

Bahari ya Hindi

اقیانوس منجمد جنوبی

Bahari ya Antaktiki

اقیانوس منجمد شمالی

Bahari ya Aktiki

قطب شمال

Ncha ya Kaskazini

قطب جنوب

Ncha ya Kusini

قاره قطب جنوب

Antaktika

زمین

dunia

خشکی

nchi

دریا

bahari

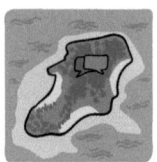

جزیره

kisiwa

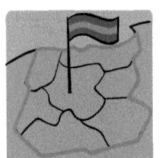

ملت

taifa

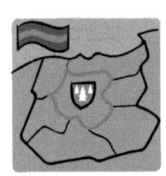

کشور

jimbo

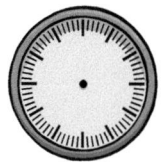

روی ساعت

uso wa saa

عقربه ساعت شمار

akrabu ya saa

عقربه دقیقه شمار

akrabu ya dakika

عقربه ثانیه شمار

akrabu ya sekunde

ساعت چند است؟

Ni saa ngapi?

روز

siku

زمان

wakati

اکنون

sasa

ساعت دستی دیجیتل

saa ya dijitali

دقیقه

dakika

ساعت

saa

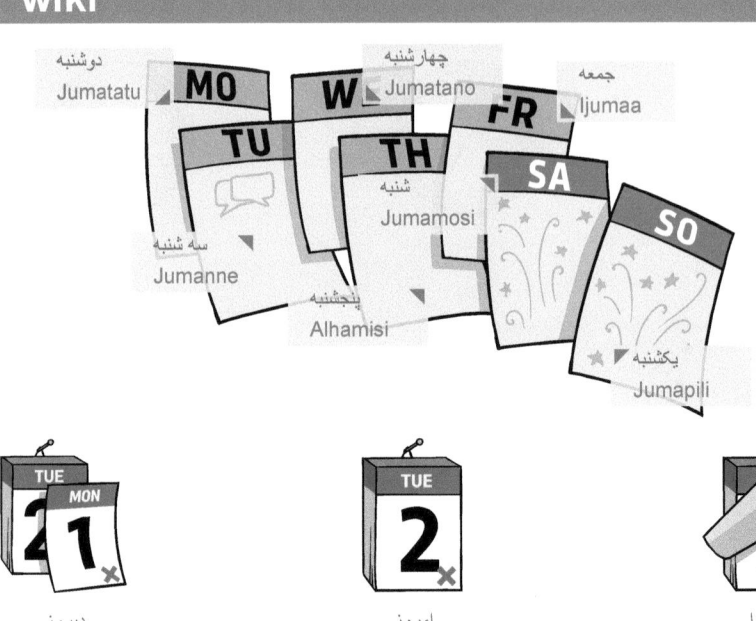

دوشنبه
Jumatatu

چهارشنبه
Jumatano

جمعه
Ijumaa

سه شنبه
Jumanne

شنبه
Jumamosi

پنجشنبه
Alhamisi

یکشنبه
Jumapili

دیروز
....
jana

امروز
....
leo

فردا
....
kesho

صبح
....
asubuhi

ظهر
....
saa sita mchana

غروب
....
jioni

روزهای کاری
....
siku za biashara

آخر هفته
....
mwishoni mwa wiki

باران
mvua

رنگین کمان
upinde wa mvua

برف
theluji

شمال
upepo

بهار
majira ya machipuko

خزان
vuli

تابستان
kiangazi

زمستان
majira ya baridi

4.APRIL	11°	☀
5.APRIL	4°	⛅
6.APRIL	13°	🌧
7.APRIL	8°	❄
8.APRIL	10°	☀

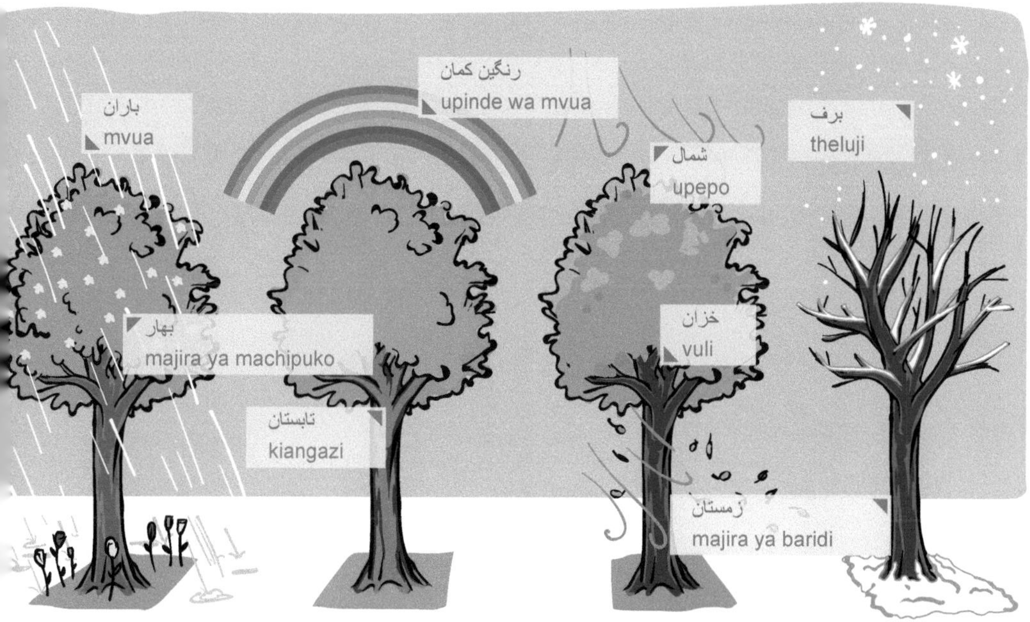

پیش بینی آب و هوا

utabiri wa hali ya hewa

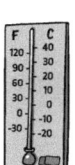

ترمامیتر

kipimajoto

آفتاب

mwanga wa jua

ابر

wingu

غبار

ukungu

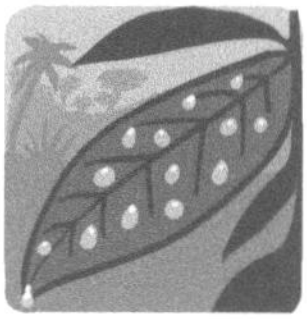

رطوبت

unyevu

رعد و برق

umeme

الماسک

radi

طوفان

dhoruba

ژاله

mvua ya mawe

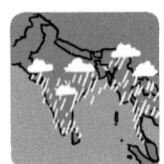

موسم بارندگی

monsuni

سیل

mafuriko

یخ

barafu

جنوری

Januari

فبروری

Februari

مارچ

Machi

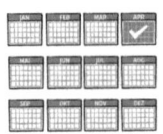

اپریل

Aprili

می

Mei

جون

Juni

جولای

Julai

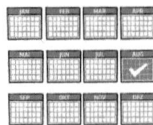

اگست

Agosti

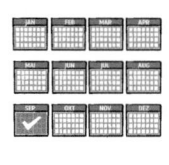

سپتمبر
Septemba

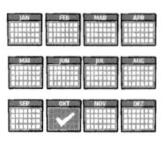

اکتوبر
Oktoba

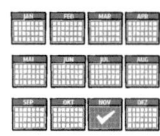

نومبر
Novemba

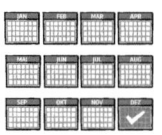

دسمبر
Desemba

شکل ها

maumbo

دایره
mduara

مربع
mraba

مستطیل
mstatili

مثلث
pembetatu

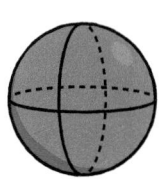

کره
nyanja

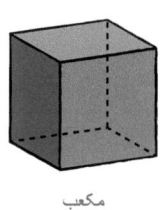

مکعب
mchemraba

سفید

nyeupe

زرد

manjano

نارنجی

chungwa

گلابی

rangi ya waridi

سرخ

nyekundu

بنفش

hudhurungi

آبی

bluu

سبز

kijani

نصواری/قهوه یی

hanja

خاکستری

jivujivu

سیاه

nyeusi

زیاد / کم

mengi / kidogo

عصبانی / آرام

hasira / pole

مقبول / بدرنگ

nzuri / mbaya

آغاز / پایان

mwanzo / mwisho

بزرگ / کوچک

kubwa / ndogo

روشن / تیره

angavu / giza

برادر / خواهر

kaka / dada

پاک / کثیف

safi / chafu

کامل / ناقص

kamilika / tokamilika

روز / شب

siku / usiku

مرده / زنده

wafu / hai

عریض / باریک

pana / nyembamba

خوراکی / غیر خوراکی

kulika / kutolika

عصبانی / دوستانه

ovu / ema

هیجان زده / کسل

sisimkwa / udhika

چاق / لاغر

nene / nyembamba

اول / آخر

kwanza / mwisho

دوست / دشمن

rafiki / adui

پر / خالی

jaa / tupu

سخت / نرم

ngumu / laini

سنگین / سبک

nzito / nyepesi

گرسنگی / تشنگی

njaa / kiu

بیمار / سالم

mgonjwa / mwenye afya

غیر قانونی / قانونی

haramu / kisheria

باهوش / احمق

akili / kijinga

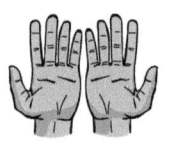

چپ / راست

kushoto / kulia

نزدیک / دور

karibu / mbali

نو / کهنه

mpya / kutumika

هیچ چیز / چیزی

kitu / jambo

پیر / جوان

zee / changa

روشن / خاموش

waka / zima

باز / بسته

wazi / fungwa

بی صدا / پر سر و صدا

utulivu / kelele

ثروتمند / فقیر

tajiri / masikini

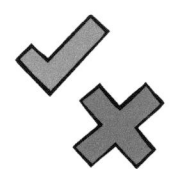

صحیح / غلط

sahihi / kosa

ناهموار / هموار

mbaya / laini

غمگین / خوشحال

huzunika / furahia

کوتاه / بلند

fupi /ndefu

آهسته / سریع

polepole / haraka

تر / خشک

nyevu / kavu

گرم / سرد

joto / baridi

جنگ / صلح

vita / amani

اعداد

nambari

0

صفر
sufuri

1

یک
moja

2

دو
mbili

3

سه
tatu

4

چهار
nne

5

پنج
tano

6

شش
sita

7

هفت
saba

8

هشت
nane

9

نه
tisa

10

ده
kumi

11

یازده
kumi na moja

12

دوازده

kumi na mbili

13

سیزده

kumi na tatu

14

چهارده

kumi na nne

15

پانزده

kumi na tano

16

شانزده

kumi na sita

17

هفده

kumi na saba

18

هجده

kumi na nane

19

نوزده

kumi na tisa

20

بیست

ishirini

100

صد

mia

1.000

هزار

elfu

1.000.000

میلیون

milioni

انگلیسی

Kiingereza

انگلیسی امریکایی

Kiingereza cha Marekani

چینی ماندارین

Kimandarini cha Uchina

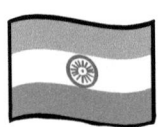

هندی

Kihindi

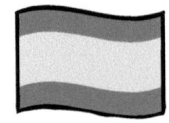

اسپانیایی

Kihispania

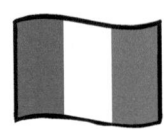

فرانسوی

Kifaransa

عربی

Kiarabu

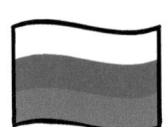

روسی

Kirusi

پرتغالی

Kireno

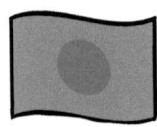

بنگالی

Kibengali

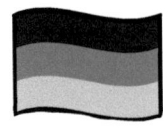

آلمانی

Kijerumani

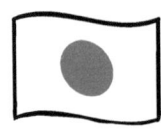

جاپانی

Kijapani

من

mimi

شما

wewe

او / او / آن

yeye / yeye / ni

ما

sisi

شما

wewe

آن ها

wao

کی؟

nani?

چی؟

nini?

چطور؟

jinsi gani?

کجا؟

wapi?

چه وقت؟

lini?

اسم

jina

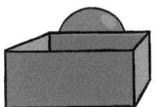

عقب

nyuma

در

katika

پیش روی

mbele ya

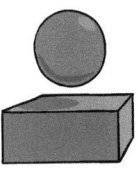

بالا

juu ya

روی

kwenye

زیر

chini ya

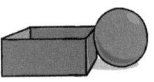

پهلو

kando

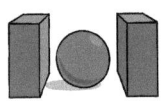

میان

kati

محل

mahali